大学における
キャリア教育の
これから

梅澤 正著

学文社

はしがき

　この本は，大学生へのキャリア形成支援を主題にしている。大学として，次代を担う若者世代のキャリア形成にどうかかわるか。これが主題である。

　そしてこの本の目的は，大学の教職員向けにキャリア学習の教材を提供すること。大学の教職員にとって，キャリアとかキャリア教育というテーマはなじみが薄い。はっきり言えば，あまり多くは知らない。ところが，現状では格好な学習教材がない。大学におけるキャリア教育の意義を強調することもさりながら，このことが，よりいっそう本書執筆の動機として強いものがあった。

　青少年や子どもの将来は，自らして作られていくわけのものではない。本人の主体的な努力と工夫なしでは，いかんともなしがたい。家庭，学校，地域社会など当人を取り囲む生育環境が及ぼすインパクトは大きい。

　こんなことはあまりにも自明なのだが，人の将来をつくるというテーマに関して，日本社会ではここ30年以上にわたって，本人も環境も多くの関心をはらってこなかった。関心はもっぱら学歴づくり。学歴さえしっかりしていれば，いい会社に採用され，いい職業に就けるというキャリア観がまかり通っていた。

　ところが1990年代に入って，事態はすっかり変わった。当の本人が相当がんばらないと，就職（職に就く）が難しい。職業に就かないとなると，本人の成長と安定が図れないし，社会の居場所も手

にできない。人はしっかり働き，それなりの仕事を仕上げることを通して，一人前の社会人としても認められるようになる。

しかしながら，30年をこえる長期にわたって，生きることに関するこういった筋道は，多くの人にとって問題視されなかった。お互いが語りあうテーマでもなかった。人生をつくっていく，あるいは働くことを通して社会的にも一人前になるといった観念を，日本社会は失念してきた。家庭でも学校でも教えないし，人々にとって学習項目ではなかった。

確かに人間形成とか人材教育というテーマは，常に重要テーマとして，家庭でも学校でも地域社会でも論じられた。教育上の大きなテーマであり，社会的課題でありつづけた。しかしながら，キャリア形成といった切り口は，まったく俎上に上ることはなかった。

しかし新世紀に入るころから，それはそれは急な話として，キャリア教育の重要性が声を大にして叫ばれはじめる。小学校段階からスタートし，中高と段階をふみ，その波は大学にまで押し寄せた。しかしながら，キャリアにしても，キャリア形成にしても，その意味するところがわからない。キャリア形成支援なんていっても，何をしたらよいのかわからない。それが，多くの大学の，多くの教職員が直面している現況であろう。

それなのに多くの大学において，いつのまにか，就職部はキャリアセンターへと名称を変更させていく。これはどういうことなのだろう。

一言でいえば，学生に対する将来設計支援は，これからは就職相談や就職指導という観点では不十分だということだろう。キャリア形成支援という切り口で学生を指導し，教育していくことが大事だ

ということ。だが，キャリア形成支援とはどういうことか，何をどうやるのか。大学の教職員は，大いに困っているようだ。

現にわたしは，大学で就職指導に当たっている職員の研究会に招かれて講演をした際，こんなテーマを頂戴した。「いまさら聞けない，"キャリア形成支援"と就職指導の違いから見るキャリアの捉え方」というテーマである。本書は，文字通り，このテーマへの回答として書かれたといえなくはない。

本文でも書いたが，学生のキャリア形成支援は，狭い意味での「キャリア教育」でこと足りるわけではない。さまざまな舞台と経験を通じて，学生に「キャリア学習」の機会を提供することが不可欠である。だが，キャリア教育自体も重要である。

本田由紀さんは，『若者と仕事』(2005年)の中で，わが国の場合，学校における「教育の職業的意義」が著しく欠落していた点を強調された。学校教育が，将来就くであろう職業とのかかわり方と無関与になされてきたと指摘する。職業社会学を専攻してきたわたしにとっても，そういった事態は憂慮に堪えないことであり続けた。だがいま振り返れば，それというのも，ベースにキャリア教育が敷かれていなかったからではなかろうか。わたしが強調したいのは，キャリア学習を踏まえた就職活動の意義である。

この本は，先に述べたように，大学の教職員向けの「キャリア学習教材」として書かれた。そこに込められたのは，大学の教職員が，「よき学生キャリアメンター」になってほしいという願いである。キャリアメンターという用語もまた耳新しいだろうが，一言で

いえば，学生のキャリア形成を支援する先輩たちといった意味である（I-2, I-3）。

教職員がキャリアメンターとしての役割を果たすためには，しかし，キャリアやキャリア形成やキャリア形成支援といった事項に関して，それ相応の学習ができていなければならない。この本は，それ用の教材となる。当の学生の考え方や意識や行動の様を連想しながら，あちこち読んでみる。ときに，これを媒体に職場の同僚や他の大学の教職員と意見交換をする。大学による違いなどもわかって，おもしろいかも知れない。

確かに教職員むけの教材という形はとっているが，学生に対するキャリア教育の教材としても使えるはず。学生とともに読み進める。あるいは刷り込まれたチェックシートを活用して，ワークショップに持ち込む。ご活用いただければ幸いである。

最後になりましたが，拙い原稿ですが，『職業とキャリア』（2001年）に引き続いて出版の機会を与えてくれた学文社に，厚く御礼を申しあげます。

2006年12月

梅澤　正

目　次

[序章] 大学におけるキャリア教育の方向 ——————— 1
  1. 緒についた大学におけるキャリア教育　1
  2. 大学におけるキャリア教育の担い手　3
  3. 就職対策からキャリア形成支援へ　4
  4. キャリア学習のための教材　5

[Ⅰ] 学生の「キャリア形成」を支援する
　　　―どう働き，どう生きるか― ——————————— 13

  Ⅰ―1. 若者が，将来に明るい希望をもてるように　13
  　(1) ごく普通の大学の，ごく普通な役割として　13
  　(2) キャリアとは何か　16
  　(3) 早期離職する若者たち　18

  Ⅰ―2. キャリア支援は時代の要請　20
  　(1) 激変する社会経済的基盤　21
  　(2) 個人の生き様が変わる　23
  　(3) キャリア形成支援の重要性　25

  Ⅰ―3. 大学人に期待されるキャリアメンターとしての役割　28
  　(1) キャリア支援エデュケーター　28
  　(2) 学校から社会へのスムーズな移行　29

(3) キャリアを広角度でとらえる　31

演習〈プレ講座〉
　キャリアメンタリング力
　　―教職員に要請される「MKS」― ──────────── 34

[Ⅱ] 学生の「キャリアデザイン力」を育てる
　　―生涯をみすえ将来を構想する― ──────────── 43

Ⅱ―1. 学生のキャリアマインドは確かか　43
　(1) 生きることへの意志と意欲　43
　(2) 主体的な努力　46
　(3) 先人の生き様に学ぶ　48

Ⅱ―2. そもそもキャリア形成とは何か　50
　(1) キャリア支援の多彩な目的　50
　(2) キャリア形成とキャリア開発　53
　　1. 土台を築く　53
　　2. 土台を開墾する　55

Ⅱ―3. 生きることと働くこと　57
　(1) 働くことの意味を問うてみる　57
　(2) 働き方と生き方の問題　59
　(3) 働く意義をどうとらえるか　61

(4) 人生で多彩な活動を楽しむ　62

演習〈X講座〉キャリアとキャリアデザイン
　——将来の生き様に目をすえる—— ────────── 65

[Ⅲ] 学生に「職業的世界」の現実理解を促す
　——一人前の社会人となるために—— ────────── 98

Ⅲ—1．職業がキャリアの骨格をつくる　98
　(1) 就職支援とキャリア支援との違い　98
　(2) 社会変動と就業環境の変化　102
　　1．職業構造の変動と人々の就業意識　102
　　2．転換する企業の雇用政策　103
　　3．働き方が多様化している　105
　(3) 職業的能力が人生を前進させる　106
　　1．確かなエンプロイアビリティを高める　106
　　2．専門的能力とコンピテンシー　107

Ⅲ—2．雇用と就業と職業　108
　(1) 雇用の論議に職業の視点を　108
　(2) 職業的アイデンティティの確立をめざす　110
　(3) 職業の個別性への関心と興味　112

Ⅲ—3. キャリア支援問題の表層と深層　113
  (1) 錯綜する就業問題の現実　113
  (2) 若者のキャリア意識の実態　116
  (3) 背景にある厄介な問題
　　　―臨床心理学からのアプローチ,社会階層論からの視点―
　　　118

演習〈Y講座〉キャリア形成と職業選択
　―めざすキャリア形成に向けて,どんな職業をどう選ぶか―
―――――――――――――――――――――――――― 120

[Ⅳ] **大学におけるキャリア教育の体系化**
　―あらゆる機会と舞台をキャリア教育に組み込む―　――156

Ⅳ—1. キャリア教育のコンテンツ　156
  (1) キャリア教育を支える3本の柱　156
  (2) 自分さがしとプレゼンテーション力への傾斜　158
  (3) 個人と社会を結ぶ職業の意義　160
  (4) 含蓄ある豊かな職業情報の提供　162

Ⅳ—2. [提言] 教職協働型キャリア教育モデル　164
  (1) 「キャリア教育カリキュラム」の新増設と,プログラムの概要　165
  (2) キャリア教育の担当者と,その育成　166

(3) 関連部局の事務職員に期待されるキャリア形成支援　167

Ⅳ—3. 教職協働のキャリア支援体制の構築　168
　(1) 教員職員と事務職員との協働体制　168
　(2) 教員職員と事務職員との役割分担　171
　(3) 新しい課題として　173

[終章] 社会課題としてのキャリア教育 ────── 175
　1. 若者のキャリア形成支援　175
　2. 公共政策としてのキャリア教育　177
　3. 腰をすえた取り組みが要請される　178

参考文献 ───────────────────── 180

〈演習で使用するチェックシート〉

演習〈プレ講座〉

キャリアメンタリング力
―教職員に要請される「MKS」― ―――――34

演習〈X講座〉キャリアとキャリアデザイン
―将来の生き様に目をすえる― ―――――65

X―1. 大学生が抱えているキャリア課題
　　　―いつでも誰も，人生は迷いと不安の
　　　　中にある― ―――――68

X―2. 大学生に望まれるキャリアマインド
　　　―自己完遂への意志― ―――――74

X―3. 人生ビジョン
　　　―何を大事にして生きるか― ―――――79

X―4. 人生観，世界観，そして生活観
　　　―望ましい生き方とは― ―――――86

X―5. 将来からアドヴァイスをもらう
　　　―10年後の生き様を展望する― ―――――93

演習〈Y講座〉キャリア形成と職業選択
―めざすキャリア形成に向けて，どんな職業をどう選ぶか― ────── 120

　　Y―1. キャリアデザインに何を織り込むか
　　　　　―役割人，人格人，生活人― ──────123
　　Y―2. 職業彩々，仕事いろいろ
　　　　　―世の中で必要とされる多彩な職業群― ───130
　　Y―3. 必要とされる職業的能力
　　　　　―就職コンピテンシーとは― ──────139
　　Y―4. 望ましい職業の要件
　　　　　―どんな職業に就きたいか― ──────144
　　Y―5. 職業ってナンだろうか
　　　　　―誤解と勘違いから開放されるために― ───150

序章 大学におけるキャリア教育の方向

1．緒についた大学におけるキャリア教育

大学におけるキャリア教育が，いよいよ本番を迎えようとしている。文部科学省も本腰を入れはじめたようであり，2006年度の予算編成にあたって，全国の大学，短大，高等専門学校から「キャリアデザイン（形成）プログラム」を公募。最終的に33のプロジェクトが選ばれた（＃1）。

これまでに，小学校，中学校，高校について同様な事業を推進してきたが，いよいよ高等教育機関に目が向けられたということである。

すでに幾つかの大学が独自のキャリア教育プログラムを推進している。だが，これぞキャリア教育の真骨頂だと自他共に認められるような取り組みは，いまだ見当たらない。総じていえば，これまでの就職指導とさして変わっていないようである。経営者や実務家やOBなどの講話を提供することでお茶を濁している場合や，インターンシップ制度を導入してキャリアプログラムを推進していると称している場合も多い（＃2）。

また多くの大学は，キャリア教育なるもののプログラム展開を，いわゆるキャリアビジネスと言われる外部の業者に丸投げしているのが現状である。大学の教職員が，キャリア教育とは何かについて，よく学習できていないことが与って大きいかと思われる。

そうではなく，大学の事情に通じ，大学の学生気質に詳しい，当該の大学人が主導するキャリア教育であることが必要である。というより，それが，大学におけるキャリア教育の基本要件ではなかろうか。大学人自身が，キャリア形成に関する理論と実践を学び，知識とノウハウを習得し，自らの企画と熱い思いで学生支援プログラムを推進することが要請される。

そのキャリア教育の概念についてだが，初等中等教育の段階のそれに関しては，相応の定義づけがなされている（＃3）。

だが大学におけるキャリア教育となると，定義らしいものは，公式にはない。このテキストでは，「キャリア形成支援」にかかわる包括的で総合的教育とでもいった感じで使っている。将来に向けてしっかり働き，充実した生き方ができるよう，様々な思索と活動の舞台を与えてキャリア学習の機会を提供する。大学におけるキャリア教育は，こういった性格のものではないだろうか。

なお，2006年に法政大学大学院経営学研究科が実施した「大学におけるキャリア支援・キャリア教育に関するアンケート」（＃2.参照）では，「働くことの意味を考え，勤労観を培う科目・プログラム」「自己の価値観や強み，弱み，自己理解に役立つ科目・プログラム」「社会人の実際の働き方のモデルに学ぶ科目・プログラム」「コミュニケーションの能力，ディスカッション能力，社会人としてのマナーなどを実践的に学ぶ科目・プログラム」など，一般に「キャリア教育」という言葉でイメージされる科目・プログラムを例示した上でそれらの科目・プログラムの実施状況を尋ねるというやり方を採用している。

2．大学におけるキャリア教育の担い手

　大学の構成員といえば，教員職員と事務職員と学生とである。大学教育の成果は，この三者の好循環を通して稔り多いものとなる。だが現実は，教員主導でコトが運ばれているのが，多くの大学にみられる実態である。最大の問題点は，学生はもっぱら受身の状態におかれているという現実である。

　キャリア教育については，就職指導がそうであったように，事務組織が企画と運営を仕切っているように見える。それは，キャリア形成やキャリア形成支援に関して，教員がさしたる知識もノウハウも持ち合わせていないからである。事務職員とても現段階では同様であり，したがって外注となるのであろう。

　取りあえず，キャリアとは「働くことを通して築かれる生き様」としておくが，将来に向けて充実した生き方・働き方・暮らし方ができるように，自分を磨いていく。これが，ここでいうキャリア形成である。そして，具体的な事柄にまでは言及しないが，待ち受ける人生課題のあれこれに関して思案する学生に，情報の提供，相談，示唆，指導，機会提供，ガイダンス，カウンセリングなどを行うのがキャリア形成支援である。

　大学人である以上は，教員職員であれ事務職員であれ，学生のキャリア形成やキャリア形成支援に関して，相応の知識やノウハウや意識を身につけていることが不可欠である。

　若者の生き方と働き方について助言し指導することが出来ない，あるいはそういったことに関心がないようであれば，いやしくも大学人として資格を身につけているとは言えないだろう。

3．就職対策からキャリア形成支援へ

 就職相談や就職指導ということであれば、学生には、職種や勤務先の選択に必要な情報が提供されればこと足りた。どんな業界の、どんな企業が、どんな職種についてどんな人材を求めているか。企業等からの求人票が、所定の掲示板に張り出される。学生自身、就職情報誌をめくって調べ、インターネットで検索する。

 ところが多くの大学が、就職部や就職指導室をキャリアセンターやキャリア支援室へと名称を変更し、学生のキャリア形成支援が大きな課題になった。

 これまでの就職指導や就活支援と、新たに打ち出されたキャリア（形成）支援との関連づけとなると、実際には、大学によって一様ではない。就職が決まることなく卒業にいたるとなると、当該の学生に対するキャリア支援は成果をあげなかったと判定されようが、理論的にはキャリア形成支援が上位概念である。働き方は生き方そのものであるが、どう生きるかを視野の外においた職業選択は、砂上に建てた楼閣になってしまう。

 その意味からして、キャリア教育の中で最も大事なのは、生き方と働き方がどれほど密接に関連しているかを学生に会得してもらうことである。とかくキャリア教育の中では、自己理解をさせ、そこをベースに自己のキャリアデザインを描くことが中心テーマになっている。だが学生にとって重要なのは、働くことを通して「一人前の社会人」へと成長していく自分づくりである。

 したがって進路決定に先立っては、適職診断など自分理解のための情報収集もさりながら、社会に関する情報と知識を学習させるこ

とが大事になる。たとえば職業の盛衰をはじめとする職業的世界の現実，企業の雇用政策や求める人材像などに関する情報提供は，欠かすことが出来ない。職業は，それを選ぶ人がいてはじめて成立するが，あわせて社会的な需要があること，これが必須要件である。

また，学生なりに就いてみたい職業，やってみたい職種があるだろう。そうしたら，その職業や職種の職務特性，つまり仕事の内容，役割，責任などに関して，学生はよく調べる必要がある。要請される能力，経験，資格要件などに関しても研究する必要がある。

さらには，職務先や業界のことだけではなく，仕事に対する市場からの要請を含めて，職業と社会のかかわり方に関心をもち，研究してもらうことが必要である。職業は，人が選ぶだけのものではない。気づきにくいが，職業が人を選ぶという側面がある。

こういったことがらを情報提供の中に取り込むだけでも，キャリアセンターの守備範囲は，これまでの就職部と比べて広範囲となる。だがキャリア論にそくしていえば，これだけにとどまらない。その点は本文に譲る。

4．キャリア学習のための教材

大学人が，期待に応えて，学生の良きキャリア形成支援者となるためには，相応の知識とノウハウを習得し，意識を身につけることが要請される。しかしながらキャリア学なるものは，これまで，あまりポピュラーではなかった。キャリアということば自体，横文字をカタカナにしたもので，和語がない世界のことがら。

確かにキャリアを説いた学術書は公になっているが，ほとんどは米国のキャリア論を紹介したもの。一般的な入門書や概説書の類も

けっこう多数刊行されているが，その多くはビジネスマン向けのものである。ビジネスマンの場合，問題となるのは，キャリア形成ではなくキャリア開発である。テーマ的には転職や再就職，あるいは企業組織をどう生き抜くかが論議となる。

いっぽう学生の場合，課題になるのはキャリア形成である。スムーズに学校から社会へと移行することに向けて，自分をどう作っていくか。職業（初職）に就き，一人前の大人として社会へでていくことに向けて，力をためる。いわば，生き方・働き方の基盤をつくるのがキャリア形成である。詳しいことは本文にゆずるが，いずれにしても大学におけるキャリア教育を主題にした書籍は，あまり見当たらない。

そこで考案されたのが，この教材である。大学の教職員が，大学生のキャリア形成支援にむけ，最小限身につけてほしい事柄（MKS＝意識，知識，スキル）を，即刻現場で活用可能な学習教材に仕立てようと企画された。

目的は，大学の教職員が，大学生のキャリア形成やキャリア支援に関して学習してもらうこと。必要とされる事項はいろいろあるだろうが，ここでは，次のような2つのパートで括ってみた。

1．〈X講座〉キャリアとキャリアデザイン；将来的な生き様を展望する

学生には，就職に先立って，まずキャリア形成について学習してもらうことが要請される。キャリア意識が不確かなままでは，職業に就くことも，勤務先をさがすことも，場当り的になってしまう。職業の選択にあたっては，「生涯をこの職業を通じて生き抜く」，あ

[序章] 大学におけるキャリア教育の方向　7

るいは「この職業に就くことで人生を充実させていく」といった視点が大事である。

　どう自分の人生を切り拓くか。「働くことと，生きること」のつながり方について，どう考えたら良いのか。目標や計画書までが必要だというわけではないが，こういったことに関して見取り図ぐらいは構想することが要請される。

　そもそも，どう生きるか，どんな生き方をするかなんてことを，学生はあまり考えてきていていない。働くことが生きることとどうかかわるのか。生活の糧という観点が発想できるにとどまり，その深遠な意味についてまでは考えてはいないだろう。

　このさい「キャリアとは何か，キャリア形成とは何か」に関してしっかり学習し，キャリア意識をしっかり持ってもらうことが要請される。

2．〈Y講座〉キャリア形成と職業選択

　人生と職業の関係について，学生はあまり考えてきていない。生き方と働き方がどう関わり合っているのかについて，調べたことなどない。X講座では，生きることや人生について，いろいろ考えていく。このY講座では，職業とは何かについて真剣に考えてもらう。そして，職業観をしっかり身につけてもらう。

　それにしても，職業には悪いイメージが付きまとっている。職業については，誤解や認識不足が流布しています。いったい職業に何を求めるのか。どんな職業コースを歩みたいと思っているのか。学生には，自分なりに，しっかり確認してもらうことが大事である。

　学生がイメージしている，やりがいのある職業とは何だろうか。

職業の望ましい要件とは何だろうか。こういったこともテーマとなる。

X講座とY講座は、それぞれ学生に学習してほしいことを、さしあたり5項ずつにまとめた。いずれも、是非とも「学生に学習してほしい」という観点から厳選された。したがって、それらはまた、教職員が是非とも学習する必要のある項目である。

キャリア教育は新しい分野である。教員にしても職員にしても、学習しながら教育するということになる。教える者と教えられる者とが「共に学習する」という姿は、いかにもキャリアというテーマに相応しい。

学習はすべてチェックシートを活用し、「Q＆A」方式でなされる。10項目それぞれについて、設問が発せられる。あれこれ考えて、自分なりの回答をだす（セルフチェック）。そういったプロセスを踏むことで、キャリアとは何か、キャリア形成とは何か、キャリア形成支援とは何かが学習できるだろう。

10項目すべてについて、最初に設題の意義と狙いが説明され、設問があり、最後に解説がつく。セルフチェックが済んだら、じっくり解説を読みこんでいただきたい。

教職員や学生個々人の学習教材として使うのであれば、こんなやり方でよい。授業用の教材として活用しようとするなら、それなりの使い方がある。

セルフチェックが済んだ後で、たとえばグループ討議の時間をもつことは優れたやり方である。メンバーが個々に自分の回答内容について発言し、問われたテーマに関して全員で意見交換をする。異

なるさまざまな意見や感想を通して，キャリアとは何かに関して，理解が深まっていくであろう。

（#1）平成18年度現代的教育ニーズ取組支援プログラムのうちのテーマ5「実践的総合キャリア教育の推進」に選定されたものは，以下の通りである（大学27件，短期大学3件，高等専門学校3件）。
山形大学：体験と実習を礎とする職業観形成法の確立
筑波大学：専門教育と融合した全学生へのキャリア支援
新潟大学：企業連携に基づく実践的工学キャリア教育
名古屋大学：専門教育型キャリア教育体系の構築
京都工芸繊維大学：創造性豊かな国際的工科系専門技術者の育成
広島大学：学生提案型キャリア形成システム基盤構築
香川大学：地域連携型キャリア支援センターの新機軸
長崎大学：健全な社会を支える技術者の育成
鹿児島大学：地域マスコミと連携した総合的キャリア教育
富山県立大学：学生の自立を促す統合型キャリア増進プラン
岡山県立大学：実践的チームガバナビリティー育成教育
県立広島大学：経営情報実践的総合キャリア教育の推進
千葉商科大学：CUC生涯キャリア教育
中央大学：産学連携教育による女性研究者・技術者育成
東京音楽大学：音楽の「プロ」を目指す実体験プログラム
法政大学：大規模大学での大卒チーム無職業者ゼロを目指す取組
長岡大学：産学融合型専門人材開発プログラム
金沢工業大学：KIT産学連携教育プロジェクトの実践

金城学院大学:個重視・女性のためのキャリア開発サポート
日本福祉大学:新ふくしキャリア時代を生きる人材の養成
京都女子大学:女性学生のキャリア教育の体系化と普及
立命館大学:IT 人材育成のための実践的キャリア教育
関西大学:総合大学における標準型キャリア教育の展開
関西学院大学:教養教育としてのライフデザインプログラム
甲南大学:価値創造のできる 21 世紀型教養人の育成
倉敷芸術大学:人生を展望した総合的キャリア教育の実践
立命館アジア太平洋大学:グローバル人材養成のためのキャリア教育
聖徳大学短期大学部:人間力を養成するユニット別キャリア教育
中部学院大学短期大学部:専門性と産業への理解を有する地域人の養成
龍谷大学短期大学部:イメージ創生を中心としたキャリア教育
徳山工業高等専門学校:自主自立型キャリア教育システム
阿南工業高等専門学校:教育課程早期からの職業指導推進プログラム
商船高等専門学校 5 校共同:海事技術者のキャリア育成プログラム

(#2)
①キャリア教育への大学の取り組み状況の概況は,次の 2 つのレポートに詳しい。
 ・労働政策研究・研修機構 (2006)「大学生の就職・募集採用活動等実態調査結果Ⅱ」—大学就職部／キャリアセンター調

査,及び大学生のキャリア展望と就職活動に関する調査。
・上西充子(2006)「大学におけるキャリア支援・キャリア教育に関するアンケート調査報告書,日本キャリアデザイン学会第3回研究大会資料集。
②個々の大学の取り組み状況については,各大学のHPから大要を汲みとることができるが,キャリアデザイン学会の大会資料集,「Between」(ベネッセ)や「職業研究」(雇用問題研究会)などの雑誌や新聞などに,多くの紹介がある。

(#3)キャリア教育の概念に関する若干の解説
①キャリア教育は,1970年にアメリカで始まった教育運動だという(渡辺三枝子,2001)。教育長官であったマーランドは,1971年の全米中等が校長協会の年次大会で職業にかかわる教育を「キャリア・エデュケーション」と呼ぶことを提案し,その意味を「初等,中等,高等,成人教育に各段階で,それぞれの発達に応じてキャリアを選択し,その後の生活の中で進歩するように準備する組織的・総合教育」だと定義した。
②いっぽう英国の教育科学省は,1973年に,キャリア教育に関して次のような3つの目標を設定した(邦訳『キャリア・ガイダンスとキャリアカウンセリング』)。少年少女が自己理解を促進し強みと弱みを現実的に見つめられるように支援すること,仕事と人生全般で生起する様々な機会を広い視点から捉えられるようにすること,考えぬいた選択肢の実行に向けしっかり準備させさせること,の3つである。1997年の教育

法は,「全ての9歳から11歳の公的資金で運営される中学校の子供がキャリア教育を受ける権利がある」と定めたが, そこで言われるのは, 大人になってライフキャリアを遂行するうえで求められる意思決定, 交渉や折衝, 行動様式, 自己PRなどにかかわるスキルを身につけるための教育といったほどの意味あいであり, 正規時間において職業紹介, 職場訪問など正課以外の科目を通じて行われることになる。

③児美川孝一郎助教授は,「日本におけるキャリア教育の登場と展開」と題する論考の中で,「キャリア教育」という用語を文部(科学)省が正式に採用したのは, 1999年の中央教育審議会の答申においてだと紹介している(2003年度法政大学キャリアデザイン学会紀要 Vol. 1, 2004年版)。「望ましい職業観・勤労観及び職業に関する知識や技能を身に付けさせるとともに, 自己の個性を理解し, 主体的に進路を選択する能力・態度を育てる教育」がそこでの定義である。

　追って「キャリア教育の推進に関する総合的調査研究協力者会議」は2003年に中間報告をとりまとめたが, そこでは「児童一人一人のキャリア発達を支援し, それぞれにふさわしいキャリアを形成していくために必要な意欲・態度や能力を育てる教育」と定義されている。児美川助教授は, 1999年の中教審等における定義よりもより洗練された定義として, 包括的かつ教育的になっているように見えると述べている。

I 学生の「キャリア形成」を支援する

―どう働き，どう生きるか―

I―1. 若者が，将来に明るい希望をもてるように

(1) ごく普通の大学の，ごく普通な役割として

大学の使命は何か。こう問われて，どう応えるか。研究水準を高めることだ，教養教育を充実させることだ。これが，よく耳にする回答である。この両者を同時進行させるという回答も，当然ながら準備されているだろう。

大学にもいろいろある。そのことに対応して，社会からの期待や学生の要望も，大学によって違ってくるだろう。だがどの大学にも共通な，基本的にして不可欠な使命ないし役割がある，とわたしは思う。それは，「主体性と市民性を身につけた，創造性豊かな逞しい仕事人」を世の中に送り出すことである。

本当は「仕事人」ではなく，「職業人」としたい。だが女子学生の中には，生涯を職業人として貫かない（貫けない）人がいることを考慮した。取り急ぎ解説するなら，ここで仕事とは「有意なこと」，そして「有為のこと」をさす。

そのような「事」をする人，それが仕事人である。仕事と職業，仕事人と職業人との違いについては本文の中で解説する。

教員が研究に精をだし，自らの専門性を深めるべきは当然である。その専門性と勉学の成果を踏まえてのことであるが，教員には，学生に対する教育という重要な役割がもう一つある。講義をする，論文指導をする，ゼミナールを開設して学生と一緒に勉強する，課外活動を支援する，学生の相談に乗るなどである。

　こういった一連の教育活動は，学生が，それを通して社会と対話をし，自分の将来を展望し，仕事や職業について考える機会となる。というよりも，そういった機会に仕立てることが必要である。

　ついでながら，わたしは大学を辞する直前の 12 年間，空手道部の部長を仰せつかった。武道に精進する学生の真摯な生活態度を目の当たりにして，若者たちの，そうでなかったら気づかなかった心性に心を躍らせた。わたし自身，一回り大きくなった自分を発見し，授業や勉学に一段と力が入ったように思う。

　学生は，いろいろな活動と場面を経験し，多くの先輩や学外の大人たちとの交流を通じて成長していく。意識しないままに，わたしは，学生のキャリア形成を側面から支援していたのかもしれない。

　学生にとって，キャリア形成の機会と舞台はふんだんにある。大多数の普通の大学にあっては，学生のキャリア形成支援が，大学運営の基本理念になるはずである。そのことを意識し，いろいろな要素を組み込んで，キャリア教育のプログラム化をはかる。大学におけるキャリア教育は，ここからスタートすることになる（Ⅳ—2—(3) を参照）。

　すでにキャリア教育を導入している大学の場合，それらは，どれ

ほどキャリア教育の本質を体現したものになっているだろうか。新聞や雑誌などメディアがそのことを報じ，キャリアデザイン学会などでも事例紹介があり，シンポジウムがもたれたりしている。だが実質はとなると，これまでの就職指導とさして変わっていない。実務家の講話を聞かせ，インターンシップ制度を導入して終わりということでは，大学の教職員として，深くキャリア教育にかかわっているとはいい難い。

しかもキャリアビジネスといわれる外部の業者に丸投げし，業者からのSPIや適職診断，エントリーシートの書き方やプレゼンテーションの仕方に関するセミナー企画を受け入れる。それもこれも，大学の教職員がキャリア教育とは何かについて，よく学習できていないことが与って大きいだろう。

本来は，大学の事情に通じ，学生気質に詳しい当該の大学人が主導するキャリア教育であるべきだ。教職員自身が，熱い思いでキャリア形成に関する理論と実践を学び，知識とノウハウを習得し，自らの企画で学生支援プログラムを推進することが望まれる。

詳細は〈演習；プレ講座〉で言及するが，担当者には，最小限のこととして，生涯発達論，人の多彩な生き様，現代社会における職業的世界の変動，キャリアアセスメントに関するメソード，就職情報などに関する知識が求められる。

加えて，学生の将来を，学生の立場にたってともに考え，感じられる素養が不可欠であろう。一言で，「カウンセリングマインド」といえばよいであろうか。共感的理解をベースにして，学生に将来への希望を与えることが出来るような思考・行為様式を身につけることが要請される。

(2) キャリアとは何か

翻って,キャリアとは何だろうか。学生に問いかけると,解釈のほどはさまざまである。経歴や職歴のほか,実力のある人,高い学歴,出世コース,高度の専門性などという答が返ってくる。専門家筋では,仕事人生,生涯職業人生とする場合が多い。

アメリカでも当初は仕事や職業をさすのが一般的だった。だがN・ガイスパースがライフキャリアの概念を提起したのを受けて(1973年),D・スーパーが人生における「主要な役割の連鎖」としてキャリアをとらえた(1980年)。これを境に,生き方の全体をさす「ライフキャリア」と,職業人生をさす「ワークキャリア」という使い分けが生じている。

職業そのものから,人の生き方の全体というように,キャリアのとらえ方は進化した。その振幅の中で,片や働き方にウエイトをおいた説明,片や生き方にウエイトをかけた説明がなされている。こういった経緯を踏まえると,キャリアは,もともと生き方と働き方とをセットにしてとらえるという発想から創出された概念だと受け止められる。したがって,「仕事を通して築かれる人生行路」とするのが妥当かと理解される。

そのさい,仕事を通して「築かれた」は,「築かれていく」とするのもよい。「人生行路」は「人生航路」としてもよい。生き方の全体ということであれば,人生という表現ですむ。生き方の全体を視野にいれつつ,仕事や職業とのかかわり方を通してとらえた人生にアクセントをおく。働き方を通して築かれる生き方に照準をあわせる必要があるというのが,わたしの認識である。

たとえばスーパーは，職業を，学習，余暇享受，地域活動，家事，育児や子どもの教育，親への介護や孝行などと並列させる形で人生上の役割とし，その全体をキャリアだと定義した。さて，そうなのだろうか。

人生を役割のセットとしてとらえ，そういったとらえ方をした人生をキャリアと名づけたのは，素晴らしい着想である。でもそういうことだと，職業的役割は，人生における一コマとして位置づけられたにすぎない。人生と職業との繋がりは，特段の関係にあるとは意識されていない。生き方は働き方に支えられ，働き方は生き方を規定する。それぞれ，相互に入れ替えてみることも必要かと思われるが，人生を，この二つの繋がりを強く意識してとらえようとする中からキャリアの概念は構想されたかと思われる。

いずれにしても働き方にアクセントをおいてとらえた生き様が，キャリアという用語のもともとの由来だ，とわたしは理解している。

キャリアということばを理解するにあたっては，その意義とともに，この用語に込められた意味を酌むことが大事である。

英語の career は，語源的にはラテン語にさかのぼる。Carrus (cart), carerera (road), carriere (race-road) がそうだという (Figler & Bolles, 1999 年)。馬を駆って，あるいは馬車を引いて，道ないしは路を前進する，あるいは競争するという行為を想定していただいたらどうだろうか。

この行為が「働く」ということであり，「仕事をする」ことをさすのは明らかである。つまり語源からすると，キャリアは，仕事

通して自分と自分の人生路を運ぶという人間の営為にかかわることばと理解される。

では，こういった背景をもつキャリアということばに込められた意味は何か。次のような諸点が汲みとれる。

1つは，他人より先を行き，他人に優る成果をあげ，目標を確実に達成する。もっといえば，積極果敢に行動し，障害を乗り越えて力強く前進するという意味合いである。

2つは，自分自身思う存分にふるまい，自分の成長やスキルの向上を楽しみとし，自分自身の存在と活動それ自体に満足するという意味合いである。

3つは，自分の価値観にしたがって自分をはこび，人格の涵養に努めることが大切だという意味合いである。この3つ目はフィグラーらの見解によるが，そのエッセンスは，正直，勇気，信頼，誠実，親切心を身につけること。

(3) 早期離職する若者たち

平成17年版の『労働経済白書』は，「人口減少社会における労働政策の課題」を主題にすえているが，その一つとして「若年者の意識と就業促進に向けた課題」をクローズアップさせている。ポイントは二つあって，大学を卒業しても就職も進学もしない無業者が20％にも達するという，いわゆるフリーター問題が一つ。もう一つは，せっかく就職したのに早期に離職してしまう若者が多く，定着率がきわめて悪いという問題である。

取り急ぎ後者に目を向けるなら，2001年に就職した者の中で，3年以内に離職した者の割合は，高校卒業者が48.9％，大学卒業者

が35.4％である。中学卒業者について紹介はないが，文字通り「7・5・3現象」の様相を示している。さらに，入社1年以内の離職率も，2003年就職者において，高校卒業者で25％，大学卒業者で15.3％というような高い割合になっている。

　何故にこうも高い離職率になったのだろうか。『労働経済白書』は，UFJ総合研究所の調査等を踏まえて，新人たちが，「自分にあった仕事がわからない」「今後の相談が出来る機会は不十分」「社内における教育訓練機会が不十分」だと実感したからだろうと指摘している。

　誰であれ，住む世界の変化にあわせて，右から左へと自分の考え方と行動をシフトさせるのは，容易なことではない。学校から社会への移行がいかに難しいか，スムーズにいかないかの例証である。

　また，そもそも現代の若者は，生きるとはどういうことか，働くことが自分や社会にとってどんな意味をもつかに関して，あまり考えてきていない。そして仕事や職業といえば，他律的で辛いことと，はなから決め込んでいる。企業など受け入れ側も，ここ10年間は，手をうつ余裕も必要もなかった。おかげで「7・5・3現象」が発生してしまった。

　それにしても，3年以内に離職する者の割合が，48.9％（高校卒業者）だとか35.4％（大学卒業者）というのは，尋常ではない。確かに，企業など受け入れ側の対応に問題があるだろうことは，十分に推察できる。だが一方で，若者層のキャリアマインド不足が起因している点は明白である。

だがキャリアマインドが未確立な点は、多くの大人世代についても同様である。そもそもキャリア形成とかキャリア開発とかキャリア転換などの概念は、これまで、日本社会には存在していなかったのだ。中学校でも高校学校でも、子どもたちや青少年のキャリアマインド（キャリア志向）を育成することをしてきていない。

ここ5～6年、とって付けたような形で、初等・中等学校にキャリア教育が導入されはじめた。しかし、まことにもって生半過である。そうであれば、大学自身がやらなければならないということになる。

当然に授業のあり方についても、工夫が必要である。授業内容のみならず、その展開方法についても、学生のキャリア形成支援という視点からの改善が求められる。と同時に、キャリア形成の視点を欠いた、工夫と努力を蔑ろにした就職支援もまた、7・5・3現象を蔓延させるだけである。

大学における就職支援が、就職率を向上させることだけで動いている節はないだろうか。どこかに就職させればよいという考え方に終始しているとしたら、それは、次代を担う若者を育てるという大学の基本理念に反していることになる。

将来に希望がもてる生き方、明るく輝いた未来を築いてくれるような働き方を選択してほしい、と説くのが筋である。

Ｉ―2．キャリア支援は時代の要請

キャリアに関する関心は、時代が1990年代に近づく頃から、先進国を中心に世界的規模で高まり、関連する多数の著作もまた刊行

された。わが国では，新世紀を迎えるころからキャリア形成やキャリア開発への関心が急速な高まりをみせた。バブル経済の崩壊をきっかけに社会の構造や制度が大きく揺らぎ，多くの人々が自らの生き方や働き方を見直すようになっているからである。

人生課題はどの世代とも抱えているが，1990年代半ば以降は，特に若者世代にとって大問題になっていった。学卒無業ということばに代表される若者層の存在が顕著となり，2000年代に入ると，各省庁とも，あげて対策に取り組みはじめる。国は，キャリアカウンセラーやキャリアコンサルタントの育成に力を入れ，若者のキャリア支援に努めて来ている。

大学が学生のキャリア支援に取り組むにあたっては，現代社会におけるこういった社会基盤の全体像を踏まえることが望まれる。

ここでキャリア支援とは，ガイダンス，アドヴァイス，コーチ，コンサルティングなどを通じて，人々のキャリア形成やキャリア開発を側面から援助することとしておこう。

(1) 激変する社会経済的基盤

人生は自らの主体的な努力を通じて拓いていくものである。キャリア論は，その一つの特性として，こういった観念を内在させている。確かにキャリアの形成や開発は，「自らの主体的な努力を通じて人生を拓く」といった発想に支えられてこそ前進する。

しかしながら人の生き方は，社会とともにあり，社会に組み込まれた思想や制度から大きな影響を受けることになる。社会はわれわれが生きる基盤でありまた舞台であるが，日本社会の現実は，1990

年を境にして大きく変化した。

市場の論理とIT革命が世界をかけめぐり，そのことと深くかかわりつつ，グローバリゼーションが広い範囲にわたって進行する。これが21世紀の現実であり，また21世紀を性格づける決定的要因となっている。これによって社会の制度や仕組みや慣習，そして人々の価値観やライフスタイルは，不断の変動を余儀なくされている。

右肩あがりの経済成長にブレーキがかかったことも，これまでの日本社会ではなかったこと。企業の大型倒産や経営破綻が続発し，働く人々の就業機会は大幅に削減された。1982年の「勤労意識に関する世論調査」（総理府）では73.3％の勤労者は勤め先が雇用を守ってくれると観測したが，1996年の「国民選好度調査」（経済企画庁）では56.7％に低下した。この10年間で，人々の雇用不安は大きく膨らんだ。

社会経済生産性本部が例年新入社員を対象に実施している「働くことの意識調査」によると，2001年の場合，全体の32.6％は「いずれリストラされるのではないかと不安だ」と回答し，「いずれ会社が倒産したり破綻したりするのではないかと不安だ」と回答した新入社員も25.5％に達している。若者たちの，将来の職業生活に不安をいだきながらの現代就職事情が彷彿とされる。

日本型システムの全面的な見直しが叫ばれる中，国民は1990年代後半の日本について，大いなる不安と不満をいだきはじめる。多くの国民が，日本社会の将来に対して明るい展望をもてなくなったようである。総理府が毎年実施している「国民の社会意識に関する

調査」の 1997 年度の結果によると,「日本は悪い方向に向かっている」と回答した人は,前年の 55.5％から一気に 72.2％に増え,過去最高になった。

さらにまた日本のイメージについて,「高い経済力をもっている」は前年にくらべて 7.4 ポイント下げて 60％,「国際的に評価されている」は 2.5 ポイント下げて 42.9％となっている。それぞれ 6 割と 4 割の水準にあり,決定的なダメージをうけているわけではないが,多くの国民は,自らの生き方・働き方・暮らし方を新しい視点から見直さざるをえない局面に立たされたことは明らかである。

それは若者とて同じことであるが,このことを,しっかり受け止めている学生が,実はさほど多くはないということである。

(2) 個人の生き様が変わる

社会の変動につれて,産業構造や職業構造は変わる。人間は社会の子,時代の落し子などとも表現されるから,人々の生き方や働き方もまた変化する。新しい仕事や職業が誕生し,これまでとは異なるライフスタイルが登場する。さらには社会的な風習や習俗も変化の波にさらされ,人々の価値観や生活意識も変わる。新世代の職業観や仕事意識は,旧世代のそれと同次元ではとらえられない。

人々の思考と行為の様式は,しかしながら,一方的に社会からのインパクトで変化するというものでもない。人々の考え方や意識が社会を変えるという側面もまたある。こういった存在と意識の相互関係に関する論議は別として,「日本社会においてキャリア問題への関心が高まった」については,生き方や働き方に関する人々の考え方や意識が変化したことがかかわることは明らかである。

いずれにしても,「キャリア問題がクローズアップされる」については,社会の変化と個人の覚醒との相互作用にあると理解される。第一は,グローバリゼーションの浸透やIT革命の進行につれて社会が変動し,人生航路が不確かになり,将来が展望しにくくなったという現実。第二は,国や企業をはじめとする社会の諸制度が変わったことで,人生は他人任せにはできず,自分の力で切り開いていかざるをえなくなったことへの人々の自覚である。

こういった,時代と社会の新しい動きに呼応する形で,学問の世界でもキャリア論は活況を呈してくる。1993年,英国のレイチェスターに心理学,社会学,カウンセリング,教育学,人的資源管理等を専攻する世界の著名な研究者が集って,キャリアを主題にシンポジウムが開催された。題して「キャリアの将来；衰亡か変貌か」というものであり,キャリア概念の進化にスポットをあてて論議が交わされた。

そこで提起された論考は,その後に刊行された注目すべき3つの著作を組み込むかたちで,A.CollinとR.Youngの手によって一冊の本にまとめられた (Future of Career, 2000年, Cambridge)。そこでコリンとヤングのいう,1990年代に公になったキャリアに関する3つの刺激的書物とは,以下のものである。

Hall, D. & Associates, *The Career is Dead*, 1996, Jossey-Bass

Rifkin, J., *The End of Work*, 1995, Jeremy P. Tarcher,

Arthur, M. & D.Rousseau, *The Boundaryless Career*, 1996, Oxford University Press.

80年代から90年代にかけては、この他にもキャリアをめぐっては注目すべき書物や論文が多数刊行された。そのほとんどは、人々が大きなキャリア転機に遭遇し、それに呼応するかたちで、キャリアのとらえ方自体を変える必要があると説いている。つまり照準は life career にすえられているが、21世紀におけるキャリアの現実についてはどうみているか。

CollinとYoungは、careerは21世紀のキー概念であると述べているが、そのありさまを non-linear というキーワードで抽象している。従来とは異なり、直線上を真一文字に駆け上るのがキャリアではないという意味であるが、同趣旨のことをアーサーとルーサーは、boundaryless という用語で抽象した。キャリアは同じ土俵の上で開発されていくのではなく、組織横断的なキャリアシフトが一般的になっていくということである。

一方H・ホールは、protean career という表現を使い、これが新しいキャリアタイプであるという。組織に主導されるのではなく、個人が自身の必要や願望に応じて舵をきっていくキャリアということであり、そのゆえに変幻自在なキャリアということになる。一つの組織の中で組織とともに積み重ねるキャリア、つまり組織キャリアからプロティーン・キャリアへ。これが21世紀のキャリア像であるとホールは説く。

(3) キャリア形成支援の重要性

このように現代社会では、転機は、いつでも、どこからでもやってくる。現代人にとって、直面する転機をどう乗り越えることができるかは、身につけるべき基本的能力といってもよい。

転機に遭遇し，それとどう向き合い，どう対処するか。N・シュロスバーグは，キャリアはそういったことの積み重ねとして形成され，発展していくというとらえ方をする。1989年にOVERWHELMEDと題する著作を世に問うたが（邦訳『「選職社会」転機を活かせ』），OVERWHELMとは（数や力で）圧倒する，（大波や洪水が）おおいかぶさる，人の心をくじけさせる，当惑させるといった意味である。

　過去形のOVERWHELMEDは「途方に暮れて」となるが，途方に暮れて打つ手なしということでは人生を全うすることはできない。処方箋が必要となるわけであるが，シュロスバーグが提起するのは「4S」である。Situation（状況），self（自己），support（支援），strategy（戦略）を点検することが不可欠であると説く。

　つまり自分が置かれた状況を点検し，自分自身がもつリソース（資源）と周囲からの支えを点検し，戦略を練ることになる。

　ここで注目したいのは，support（支援）である。友人，家族，知人，専門家や専門機関など，周囲や外部からのサポートはどれほど期待できるかを点検することになる。転機を乗り切るには，いずれにしてもリソースが不可欠であるが，それにしても転換の振幅は大きく激しい。ライフ・プランニング・アドバイザーなどの専門家やキャリア・カウンセリング・オフィスなどの専門機関の援助も不可避となる。

　もともと人は，発達段階に対応して，いくつもの人生課題に直面する。それをどう乗り越えるか，どうすれば充実した生き方ができるかといったことになると，より経験豊かで熟練した人たちの知恵

や指南が不可欠である。西欧社会では，その任にあたる人をメンターと総称している。叙事詩『ホメロス』の挿話に登場するメントルに起源があるとされるが，このテキストでは，頭にキャリアをつけて「キャリアメンター」とした（拙稿「キャリアメンターのためのガイドブック」全日本社会教育連合会，2006 年）。

　よき生き方はどうしたら実現できるか。このことに一言で回答することはできない相談だが，そのことが，どんな職業に就いてどんな働き方をするかと深くかかわることは明白である。不本意な働き方からは，決して充実した生き方は実現されないだろう。

　そのことが強く意識される時代背景の中で，いまキャリア論が大きな関心を集めているわけであるが，若者世代によき生き方・働き方を指南する人生の先輩。こういった役回りにある人々が，ここでいうキャリアメンターである。

　つまり人間としての成長や発展の全体に目配りをしつつも，若者のキャリアの形成やキャリア開発がスムーズに進行するのを支援する。こういった点に，キャリアメンターの存在意義があるというのが，このテキストの捉え方である。

　キャリアカウンセラー，キャリアコンサルタント，キャリアディベロップメントアドヴァイザー（CDA）なども，類似な役回りを担っている。そういったキャリア支援者の実際の取り組み状況を勘案して，ここでは取りあえず，キャリアガイダンスに加えて少々のキャリアカウンセリングを加味した役回りを担う人々を総称して「キャリアメンター」としておこう。

　大学の教職員は，本来的に，こういったものとしての「学生支援キャリアメンター」の役割を背負っている。これが，このテキスト

の主張点である。

Ⅰ―3. 大学人に期待されるキャリアメンターとしての役割

　先に大学に要請される基本的な使命，不可欠な役割とは何かについて，このテキストなりのとらえ方を提示した（Ⅰ―1）。繰り返しになるが，「主体性と市民性を身につけた，創造性豊かな逞しい仕事人」を世の中に送り出すことは，大学に期待される大事な使命であり不可欠な役割だというのが，このテキストの基本的認識である。

(1) キャリア支援エデュケーター

　この認識に立てば，学生支援キャリアメンターの役割は，若者世代が「主体性と市民性を身につけた，創造性ゆたかな逞しい職業人」に育つのを，教育面から支援することとなる。大学の教職員には，そういった役割を担った，知性と感性を身につけたキャリア支援エデュケーターであることが要請される。ここでエデュケーターとは広義の教育者のことであり，取りあえず助言者，指導者，情報提供者，相談相手，指南役としておきたい。

　しかし現状では，大学人が，誰もこういった役割を意識しているわけではない。また，若者世代のキャリア形成に向けて助言者，指導者，相談相手としての責めを果たす力量と識見を備えているともいえない。学習とトレーニングの機会を通じて，個々の大学や大学連合が，意識的に育成することが必要となるだろう。

では学生支援キャリアメンターが身につけるべき要件，能力的資質とは何か。次のように整理できるであろう。

(イ) 必要とされる能力的資質は，意識 mind，知識 knowledge，技能 skill。
(ロ) 求められる能力分野は，①関係づくり，②人生課題の理解，③キャリア形成。

つまり学生支援キャリアメンターとは，学生との関係づくり，人生課題の理解，若者世代のキャリア形成支援というテーマについて，相応の意識と知識と技能を身につけている人のことである。

少々ことばを補うなら，学生のキャリア形成を支援するうえでは，関連する知識とノウハウをもっているだけでは十分ではない。同時に，気持ちのもち方，態度や性格という面で，学生の良き先輩であることが要請される。これからの生き方や働き方に関して，学生たちは，気持ちの整理がつかないでいる。将来の方向について，あれこれ悩んでいる。そういった面での良き相談相手であることが，あわせて求められるということである。

人は発達段階に対応して，いくつもの人生課題に直面する。それをどう乗り越えるか，どうすれば充実した生き方ができるかといったことになると，より経験豊かで熟練した人たちの知恵や指南が不可欠である。その任にあたる大学教職員が，ここでいう「学生支援キャリアメンター」である。

(2) 学校から社会へのスムーズな移行

よき生き方はどうしたら実現できるか。このことに一言で回答することはできないが，そのことが，どんな職業に就いてどんな働き

方をするかと深くかかわることは明白である。不本意な働き方からは，決して充実した生き方は実現されない。少なくともキャリア論は，こういった認識に立っている。

学校世界から職業的世界に踏みでる段階にある学生の場合には，このことを，ことさら強く意識化させる必要がある。その役割をとるのが，学生支援キャリアメンターである。

それでは，学生支援キャリアメンターに要請される役割はなにか。いくつかのことが指摘できるが，次の2つが最も基本的にして基礎的なものである。

1. 学生の，学校から社会へのスムーズな移行を促進する。
2. 学生の，生きることと働くことへの気概を鼓舞する。

いまの学生は，何を基準に将来を設計したらよいかわからない，あれこれ思案するよりも成り行きに従うしかないというキャリア観を抱いているものが多い。そこを踏まえると，この2つは，学生支援の基本的目的である。そのうえで，

3. 学生の社会への関心を高め，社会とのかかわり方について啓発する。
4. 学生たちの勤労観を育て，職業意識の確立を支援する。
5. 学生たちのコミュニケーション能力を育て，市民性の涵養を促進する。

といったことに焦点をおいた取り組みが必要となろう。ただしこの3点は，教員が，講義やゼミなどの教学活動において取り組むべきことがらでもある。職員の場合は，学生のキャリア形成により直結することがらに取り組むのがよいだろう。たとえば，

6. 学生に，働くことの意義や働き方の実際を会得する機会を提供する。
7. 学生に対して，職業選びの視点や選択の基準について学習の機会を与える。

といったことである。

いずれにしてもキャリアメンターは，こういった事柄に関して，情報の提供，相談，示唆，指導，機会提供，ガイダンス，カウンセリングなどを行うことになる。この過程でキャリアメンターに問われるのは，学生と「良好な関係性を形成し発展させる」能力である。

中でも，学生個々人の人間性や持ち味に関する共感的理解力を育成することは，きわめて重要である。ただこの種能力の習得には，相応の訓練が求められることになるだろう。

(3) キャリアを広角度でとらえる

キャリア形成支援の目的や施策の大枠が固まったら，次に考えるべきは，キャリア形成支援に必要となる知識やノウハウである。これには，大別して，キャリアに関することと，職業や就職に関することとが含まれる。

これまでは，就職に関する情報提供と指導が中心であった。そこへキャリアという概念がもち込まれ，担当部局には，キャリア教育を通じてのキャリア支援が期待される課題となった。学生には，生涯設計の視点や自己理解の重要性が説かれ，人生哲学や生涯発達論はどこかにおかれたまま，キャリアデザインやキャリアプランづくりへと駆り立てられることになっている。

一方で従来からの就職指導は，就活支援を強化することの必要性が説かれる中で，学内で開催される説明会や講演会の頻度は増すばかり。そこへ，業者からSPIや適職診断，エントリーシートの書き方やプレゼンテーションの仕方に関するセミナー企画が次々ともち込まれる。

さて，この2つの領域は，キャリア形成支援という大きな枠の中で，うまく統合されているのだろうか。現状では，1年次と2年次でキャリア教育，3年次に入って就職指導といった区分けになっている。そのつながりは，ついているのだろうか。多くの場合，分断されたままではないだろうか。

両者を統合させるのは，やはりキャリア論であろう。知識やノウハウに偏らず，かといって心理学的なそれを乗り越えた，広義のキャリア論をベースにしたキャリア形成支援が，大学におけるキャリア教育には求められるだろう。

ここで広義のキャリア論とは，人生哲学や生存論理を踏まえた，発達課題に関する一般的理論，職業的世界の動態，キャリアアセスメントやキャリアカウンセリング論よりなる，包括的な知識体系のことである。あえて，広角度でとらえたキャリア論と気張っておきたいが，その内容については演習を通して取り上げる。

また，後に続く「Ⅱ—1—(3)」と「Ⅳ—1—(1)」で，同趣旨のことに言及することになる。

いずれにしても今，大学には，学生のキャリア形成支援に向けた真剣な取り組みが要請されている。しかし現状は，その施策を，ほ

とんど外部資源に依存している。OBや企業人の講話，そしてインターンシップへの関心が高いが，これらはすべて外部資源である。いま必要なのは，

　①学生のキャリア形成支援ができる内部人材を育てること
　②それぞれの大学独自のキャリア支援プログラムを開発し推進すること

だろう。この2つはセットであるが，後者は，前者があって可能になるはずのものである。

　当然のことながら，外部の専門家や専門機関の力を借りることはあるだろう。キャリア支援の質を高めるうえから，それは必然であり不可欠なことである。

　しかしながら，現状では当のキャリアコンサルタントが，期待される資債を十分に持ち合わせているようには残念ながら見てとれない。基本的には，教職員自身が企画・推進の当事者となるべきものである。自分の大学にあったキャリア形成支援プログラムを開発し，推進していくことが大切になるからである。

　そのためには，関連する大学の教職員が，キャリアや，キャリア形成や，キャリア形成支援等に関する基本的なことを学習する必要があるだろう。その学習経験を通して，自前のキャリア支援プログラムを策定できる力量を習得することが期待される。

演習〈プレ講座〉

キャリアメンタリング力
―教職員に要請される「MKS」―

学生に期待されるのは，大学生活を通して，将来に向けて充実した生き方・働き方・暮らし方ができるように自分を磨いて行くこと。

そして大学の教職員には，学生がキャリア形成に向けて行うさまざまな取り組みを，陰に陽に支援することが要請される。いくらかの専門的な事柄は別にして，待ち受ける人生課題のあれこれに関して思案する学生に対し，情報の提供，面談，示唆，指導，機会提供，ガイダンス，コンサルティングなどを行うのがキャリア形成支援である。

したがって大学人である以上は，教員職員であれ事務職員であれ，学生のキャリア形成やキャリア形成支援に関して，相応の知識やノウハウや意識を身につけていることが望まれる。不可欠だ，といってもよい。若者に，将来の生き方や働き方について情報を提供する，示唆をする，助言をする。そういったことができない，あるいは関心がないというようなことであれば，いやしくも大学人たる資格を身につけているとはいえないだろう。

【設問0】大学生のキャリア形成を支援するうえで必要とされる能力は何か。大学の教職員が身につけることが期待されるであろう項目が，以下に，3分類全9つリストアップされています。いま現

在，あなたは，各項目について，どのくらい自信がありますか。次の「イ〜ホ」の中から1つを選び，（　　　）の中に書き入れてください。

　また各尺度にそくして点数化し，下の点数欄に数値を書き入れてください。

　　　　イ．かなり自信がある（5点）
　　　　ロ．やや自信がある（4点）
　　　　ハ．どちらともいえない（3点）
　　　　ニ．あまり自信がない（2点）
　　　　ホ．ほとんど自信がない（1点）

(1) 良好な関係性を形成し発展させる能力（S）
（　）①傾聴力（共感的理解，誠実対応，考え方・気持ちの受容）
（　）②適切な言語表現とコミュニケーションスキル
（　）③クライアントの個性，独自なライフスタイルや文化的背景を共有できる
(2) 寛容な積極性を身につけていること（M）
（　）④クライアントの発達過程や当面する人生課題への理解力
（　）⑤クライアントに前向きな人生設計を奨励できる
（　）⑥自分自身，人生享受への強い姿勢を身につけている
(3) キャリア形成とキャリア支援に関する基本的知識と技能（K）
（　）⑦現代社会における職業的世界の大枠を理解している
（　）⑧キャリアアセスメントに関して知識があり，必要に応じて活用できる
（　）⑨職業情報に関する知識とその情報源を教授できる

〈点数欄〉

(1)の合計（　　　）(2)の合計（　　　）(3)の合計（　　　）

全体の合計点；＿＿＿＿＿＿＿点

〈解説〉

リストアップされた9項目のすべてに「イ．かなり自信がある」の符号が入れば，合計で45点（9×5点）となる。学生支援キャリアメンターとしての力量は，知識と意識とスキルの面からみて，万全ということになる。

一方リストアップされた9項目のすべてに「ホ．ほとんど自信がない」の符号が入れば，合計で9点（9×1点）となる。学生支援キャリアメンターとしての力量は，知識と意識とスキルの面からみて，まったく未整備ということになる。

多くの読者は，45点と9点のあいだの点数を獲得することでしょう。どんな分野の，どんな能力項目が高得点であり，また低得点であったか。確認してみてください。

「どちらともいえない」が3点だから，すべてが「ハ」なら，合計は27点（9×3点）。この得点は，一つの目安になるだろう。これより低得点であれば，①猛勉強をする，②配転を申請する，のいずれかを選ぶことになる。決断が迫られるかと思われます。

(1) 良好な関係性を形成し発展させる能力（S）

第1分野の「良好な関係性を形成し発展させる能力（S）」は，いまよくいわれる人間力に通じる。人間理解力に長けている，というといい方でもよいだろうか。少しことばを補って，たとえば，

・相手のいわんとしていることに耳を傾け,相手とともに考え,感じることができる
・コミュニケーションの過程で相手がみせる,共通な反応をキャッチする
・受け答えが的確で,ことばづかいや表現方法が適切である

といったことができないようであれば,とても学生との関係づくりなど無理である。

ついでにいえば,「相手を見下すとか,馬鹿にする」姿勢が表にでれば,関係はもうご破算であり,面談は途端にストップしてしまう。学生を「信用して誠実に対応する」ことは,学生支援キャリアメンターにとって,不可欠な要件である。

(2) 寛容な積極性を身につけていること (M)

キャリアメンタリングの過程では,関連する情報や知恵やノウハウを学生に伝え,助言,示唆,水先案内をすることになる。第3分野がその内容に言及するわけであり,きわめて重要である。

だがキャリアメンターにとって最も大切な役割は,学生を元気づけ,鼓舞すること。将来への明るい展望を指し示し,学生に希望をふくらませてもらう。勇気をだして,とにかく前へ駒を進めようという気持ちを強くもってもらう。そうすることが鼓舞である。このことができないと,キャリアメンターの存在意義はうすい。

そのためには,実は,キャリアメンター自身が,生きることに前向きで,積極的な生き方を大事にしている人物であることが要請される。人生を享受する姿勢といってもよいが,さまざまな可能性に挑戦し,いろいろな場と機会を経験する。そういった気持ちと志向

をもったとき,学生に対しても,人生を積極的に生きることの意義を伝えることができる。

(3) キャリア形成とキャリア支援に関する基本的知識 (K)

第3分野の「キャリア形成とキャリア支援」に関する知識とは,学習によって習得可能な能力である。でも,やや専門的な色彩があり,学生時代に勉強してきていない人が多いことだろう。リストアップされた3項目について,少々説明をしておこう。

最初の⑦「現代社会における職業的世界の大枠」に関しては,「Ⅲ—1」の「(1) 就職支援とキャリア形成支援との違い」において,やや詳しく解説したので参照していただきたい。

次の⑧「キャリアアセスメント」に関する知識であるが,アセスメントとは,辞書的には,検査,測定,評価,診断という意味である。環境アセスメントという用語は,日常的にメディアで使われている。従来から心理学の分野で使われている性格検査,興味検査,能力評価(測定),適職診断などをまとめて,近年はキャリアアセスメントと総称しているようである。

このうち,信頼性と妥当性の検証を通して標準化された心理検査の類が,いわゆるフォーマルアセスメント。その種類はいろいろあるが,適職を主題にしたものとしては,以下のアセスメント手法がよく知られている。

(イ) VPI職業興味検査 (Vocational Preference Inventory)

(ロ) 職業診断検査 CPS—J (Career Planning Survey-

Japanese Version)

(ハ) 厚生労働省編一般職業適性検査（General Aptitude Test Battery, GATB）

このうちVPIは，米国の職業心理学者ホランドが開発した職業興味検査を日本版として改定したもの。職業への興味・関心が，①現実的，②研究的，③芸術的，④社会的，⑤企業的，⑥慣習的という6領域のどれに，どれほど強いかを浮き彫りにしようとする。

またCPS—Jは，ホランド理論をベースに米国のACT社が開発したものの日本版。いま紹介した6領域への「職業興味」と，「能力に関する自己評価」という2つの側面から個人の適性を把握しようとするアセスメントツールである。

能力評価の対象となるのは，対人関係力，対人援助力，交渉力，リーダーシップ，業務遂行力，事務的能力，機器操作能力，手先の器用さ，計算能力，科学的理解力，芸術的創造力，文学的創造力，文章理解力，言語能力，空間把握力という15項目だが，それぞれホランドの6領域に配分される。

そしてGATBは，適性のうち，能力に関する特徴を把握しようとする。知的能力，言語能力，数理能力，書記的知覚，空間判断力，形態知覚，運動能力，指先の器用さ，手腕の器用さという9つの適性能を，筆記検査と器具検査で測定する。

最後の⑨は「職業情報」に関する知識である。すでに取り上げた⑦「現代社会における職業的世界の大枠」は，きわめてマクロな職業情報である。一方，個別職業に関する職務特性や処遇条件などの職業情報は，ミクロな職業情報である（「Ⅲ—1—(1)」で解説する

予定)。そういった区分からすると，ここでいう職業情報は，中間レベルのそれである。

内容的には，次のような2つが重要である。

(イ) 職業分類とそれに関連する情報
(ロ) 職業的生き様に関する情報(キャリア情報)

職業とは何かを学習するうえで，職業分類は貴重な資料である。世の中にどんな職業がどれほどあるのか，それらがどう違うのか。そのことを，職業分類はよく教えてくれる。職業分類とは，それぞれの職業のちがいを，職業を構成する主要な変数によって区分したものだからである。もっとも，それぞれの職業がもつさまざまな特性をぴったり表象できている職業分類は，いまだ完成した形では存在しないかと思われる。

まずは日本標準職業分類，そして厚生労働省編職業分類をぱらぱらとめくる。国勢調査で，分類ごとの就業者数を確認し，あわせて「社会経済分類」に目をとおす。

米国の公的職業分類に相当する「職業辞典(DOT)」は，職業分類であると同時に，職業機能にも言及しているので，職業情報としての役割も果たしている。職業学に興味と関心をもつ人には，よき教材となるであろう。

ついで(ロ)の「職業的生き様」に関する情報であるが，これを職業情報として扱っているケースはあまりない。大事なキャリア情報といってもよいが，次のような諸点が込められた，個別職業ごとの職業情報である。

①それぞれの職業がもつ，キャリア形成に資する可能性
②それぞれの職業活動がもたらす，人生資源やライフスタイル

③人生の充実化に寄与する,それぞれの職業の潜在力

かつてスタッズ・ターケルは,いろいろな人々の職業的生き様を取材し,『WORKING』と題する書物を刊行した（1972年,邦訳『仕事』）。その事例は 120 を超えているが,これ以降わが国でも,『日本人の仕事』（鎌田慧,1986年）や『わたしの仕事』（今井美沙子,1991年）など,日本版職業物語が多数出版されるようになる。その数は近年ますます増えている。これらは,すべて職業的生き様に関する情報といってよい。生きることや生き方と,職業活動や働き方とのかかわり方が,人々の生活を通して語られる。

これは,まさしくキャリア情報であり,学生支援キャリアメンターとしては,おりにふれて目を通しておくとよいだろう。少なくとも,こういった書物が刊行されていること,大学の図書館にも所蔵されていることを,学生に伝授できることは大事だろう。

(4) インフォーマルアセスメント

一方インフォーマルアセスメントは,信頼性・妥当性・標準化という科学的プロセスはふんでいないが,関連する諸理論やさまざまな調査データなどを駆使し,経験則として洞察されたアセスメントツール。その一つのカテゴリーは,チェックシートやカード分類を活用した項目選択である。もう一つは面談を通じて,イメージを聞き出す,二者択一させる,状況判断を問うなどの方法がある。

このテキストは「キャリア学習」を目的にしているが,学習を促進させる手段としてチェックシートを活用している。いまやってもらった演習〈プレ講座〉が,その第一弾である。「教職員に要請さ

れるキャリアメンタリング力」とは何か，どんな項目から成り立っているかを学習してもらうのが目的である。

つまり，学生のキャリア形成を支援するうえで身につけていることが要請される（とわたしが考えた）項目を9つリストアップし，それらを，自分自身どれほど修得できているかと自問しながら回答する方式になっている。つまり【設問0】は，インフォーマルアセスメントなのである。

いいかえれば，手段としてインフォーマルアセスメントを活用し，学生支援キャリアメンターに必要な能力について勉強していく。そういった道筋である。

同じようにして，演習Xは，「キャリアとキャリアデザイン」を主題にして5つの学習項目が設問化されている。これすなわち，インフォーマルアセスメントである。

演習Yについては，「キャリア形成と職業選択」を主題にして，同じく5つの学習項目が設問化されている。同じく，インフォーマルアセスメントである。

このテキストは，インフォーマルアセスメントをベースにしたキャリア学習教材と性格づけることができよう。学生支援キャリアメンターは，必ずしもフォーマルなキャリアアセスメント手法に精通している必要はないが，その所在ぐらいは承知しておいてほしい。そして，ここに掲載されたインフォーマルアセスメントのいくつかについては，活用できると便利かと思われる。

II 学生の「キャリアデザイン力」を育てる

―生涯をみすえ将来を構想する―

II―1. 学生のキャリアマインドは確かか

(1) 生きることへの意志と意欲

 ある識者は,今の若者は,「努力」という言葉の概念を知らずに育ってきたと発言している(村上龍,2002 年)。50 人あまりの女子高生にインタビューしたとき,「将来について考える」ということがどういったことすらわかっていない人が大半だった,と付け加えている。さまざまな調査データは,そのことを裏づけている。

 NHK 放送文化研究所は継続的に日本人の意識調査を実施してきているが,事実青少年の場合,ここ 20 年の間で,「人生がんばる派」(他人に負けないようにがんばる)と,「人生のんびり派」(のんびり自分の人生を楽しむ)の割合は,逆転してしまった。

	中学生		高校生	
	(がんばる派)	(のんびり派)	(がんばる派)	(のんびり派)
1982 年	63.2 %	33.7 %	47.0 %	49.2 %
2002 年	43.3 %	51.7 %	33.5 %	61.3 %

 また青少年研究所が 2004 年秋に実施した「高校生の学習意欲と日常生活―日本・米国・中国 3 カ国比較」によると,〈将来に備えることについて,あなたは次の意見のうち,どれに賛成します

か？〉への回答割合は，以下の通りである。日本の高校生の場合，米国と中国とは逆に，「その時派」が「将来派」より高い割合になっている。

	日本	米国	中国
①若いときは将来のことを思い悩むよりその時を大いに楽しむべきだ	50.7	39.7	19.5
②いまから将来に備えてしっかり勉強しておくべきだ	48.6	55.2	79.8
③無回答	0.7	5.1	0.8

キャリアということばは，生涯を生きる，充実して生きるという発想に支えられている。したがって「努力」と「将来」の二字は，キャリアということばで語る人の生き様の，重要な構成要件である。ところが，この二字への興味と関心が薄い。若い世代のキャリアマインドが，今日いかに希薄化しているか。その現状を，このことはよく説明している。

事実わたし自身がかかわった複数の研究調査から推しても，新世代のキャリア形成やキャリア開発への志向はきわめて弱い（「新世代の職業観とキャリア」2002年，「若年者の働き方と生活意識」2005年，雇用開発センター）。

さしあたり視点を大学生に据えるとして，たとえば「職業よりは，職業以外の生活に自分の生きがいをみつけたい」とする学生が多い。自分の将来像として，「仕事に関してひとかどの人」をめざす学生はごくごく少なく，「安定した家庭を築く」「好きなことをやって暮らす」とする学生のほうが圧倒的に多い。

また「親しまれ尊敬される人になる」「人から尊敬される人間」

をめざす学生もけっこう多い。このこと自体は批判されるべきことではないが，何かをするという活動性，ことを成し遂げるという目標性と積極性が感じ取れない。尊敬や信頼は，何かをすることで手にすることになるはずだが，そこに目は向いていない。

　近年キャリアに関する概念は進化し，単に職業それ自体や職歴をさすというよりは，生き方の全体を視野にいれたものになっている。いわば，職業や仕事を通して築かれた，あるいは築かれていく人生航路といった意味合いで使われるようになっている。

　そういったこととのつながりを踏まえて，キャリアマインドを，ここでは人の生き方・働き方・暮らし方に関する意識のもち方といった意味合いで使っている。将来に向けて自分の人生をどう築いていくか，生き方の中に職業をどう位置づけ，どんな暮らし方を構想するか。こういったことに関して，人がそれぞれに思案し，展望し，志の向きとして固めているものがキャリアマインドである。

　繰り返しになるが，そういったものとしてのキャリアマインドを，学生はよく身につけていないということである。いうなれば，キャリア形成への関心がうすく，生涯にわたってキャリアを開発し，自分を発展させていくことへの意志が低い。

　大学にとって，勉強しない学生への取り組みは不可欠である。だがそれ以上に，キャリアマインドが低いという現実を，大学は直視する必要がある。生きる姿勢を内にもち合わせない学生は，勉学の意欲にかけること請合いである。放置すれば，学卒無業者はいっそう増えだろう。この現実を踏まえ，大学は学生のキャリア学習を促進し，キャリア教育に力を注いでいく必要があるだろう。

そもそも生きることへの意志と意欲が低いとういことは、人生をエンジョイし、青春を謳歌する気持ちが、身の内に育っていないがためではなかろうか。

(2) 主体的な努力

キャリアマインドには、二つの側面がある。一つは、自分の生き方と働き方と暮らし方に関する関心の度合いである。自分のキャリアの行く末を、成り行きにまかせてすませるのか、それともめざす方向に向けて主体的に取り組もうとするのかという点である。キャリアマインドのこの面を、ここではキャリア志向の強弱ととらえておこう。

もう一つは、どんな生き方と働き方と暮らし方を実現しようとするのか、キャリアそのものの中身のことである。教師一筋で生きていこう、仕事と趣味を両立させた人生をおくろう、社会の変動と自分の成長にあわせて変幻自在な生き方をしようというように、キャリアの中身は人さまざまであろう。キャリアマインドのこの面を、ここではキャリア志向の方向性ととらえておこう。

一般的にいって、生き方と働き方とは連動している。
・こんな人生を送ってみたいので○○の職業を選ぶ、あるいは
・□□の職業に従事することで、これこれの生き方ができているというつながりがある。

キャリアとは、もともとが生き方と働き方、あるいは人生と職業との結びつきは強いという認識に支えられた概念だと理解される。

したがってキャリア論にそくせば、「仕事に関して一人前の人」

をめざすような学生については、キャリアマインドを身につけているといういい方になる。逆に、大学の3年生にもなって、「就職したい気持ちがわいてこない」「できることなら就職などしたくない」ような学生の場合は、キャリアマインドが希薄だとみなされる。

キャリアは、一人ひとりの主体的で前向きな取り組みによってこそ切り拓かれる。もともとキャリアということばには、すでに序章で解説したが、発展性や前進性というニュアンスがあり（佃直毅）、俊馬があちこち俊敏に向きをかえながら走り抜ける意味合い（川喜多喬）がある。つまり、これから直面していくであろう困難な局面を、工夫と努力で乗り越えることでキャリアは築かれていくということであろう。

そういった心性ないし精神的な構えを、学生たちは、よく自分のものにしているだろうかということである。もしキャリア意識が確立していれば、自分の能力特性を探るとか、生涯学習のためのセミナーに参加するとか、将来に向けた人生設計を構想するといった行動をとることになるだろう。

しかし実際には、進路に関する決定基準がわからない、就きたい職業がわからない、自分に向いている職業がわからないとする学生が多い。なるほど適職さがしも、特定の職業を選択するという行為も、容易なことではない。だがここでも、人生先送り（モラトーリアム）現象がみられる。人生を主体的に生きることへの自覚が薄く、どう生きるかについて展望をめぐらせようとしない現代大学生気質の表れと受け止められる。

大学教育は、若者が将来に向けて「よい仕事を通じて、よき生き方を」してくれることへの願いを込めることで、その全体が生き生

きとしてくるように思える。よい仕事とはどういった意味か，よき生き方と何かは，演習の中でテーマにしていこう。

(3) 先人の生き様に学ぶ

キャリアデザインに関する教育は，従来は，哲学書を読み，人間とは何か，社会とは何かをめぐって先輩や仲間と語らうというかたちで，ごく自然にできていたのだろう。

あるいは，歴史上の人物について伝記を読み，偉人や哲人の自叙伝を読んで人の生き様を学習するということであったろう。哲学的人生論の特色は生きることの意味を説く点にあるが，ややもすると観念に走りすぎ，それに終始しておしまいという性格がみえる。そのためか，現代の若者にとってはとっつきにくい側面がある。こんにち哲学書を読み，人生論に関心を寄せる学生は，一般にはあまり多くないのではなかろうか。

しかしながら，キャリア教育の出発点では，哲学的人生論の学習が不可欠になるだろう。つまりキャリアデザインを構想し，キャリアの形成と開発に向けてプランニングをするに先立って，学生に「生きることの意味」を省察する機会をもたせる。そして，たとえばウイリアム・モリスが説く「生き方の基本類型」などを学習することは，自分の人生価値観を点検する機会になるだろう。

先に，いまの若者は「努力」の二字にあまり親近感をもたないと書いたが，「基本（に立ち返る）」という用語も好きではない。人生論にしても，あまり哲学っぽいと拒否反応を起こすだろう。そもそもキャリア論は，人生とか，生きるとかではなく，生き方という用語を使う。いま世の中でキャリアへの関心が高まっていることにつ

いては，そんな背景もありそうだが，これは，キャリア論やキャリア教育が乗り越えるべき課題である。

　キャリアが仕事をベースに築かれる生き方であるという点からすると，労働や仕事や働くことが組み込まれた人生論は，よき教材になるだろう。カール・ヒルティの『幸福論』は，「仕事の上手な仕方」から論を起こしている。バートランド・ラッセルの『幸福論』は，第一部が「不幸の原因」，第二部が「幸福をもたらすもの」という構成だが，後者に「仕事」と題する1章が当てられている。

　ほかに，J・スチュアート・ミルや，ロバート・オーエンや，ベンジャミン・フランクリンなどの『自叙伝』や『自伝』の類は，いわば生き様を主題にしたものなので，学生にとっては馴染みやすいだろうか。学生には，古典よりは現代書，欧米書よりは和書に対してより親近感をもつ傾向があるかも知れない。その点への配慮は必要だとしても，哲学的人生論を欠落させたままのキャリア論やキャリア教育は，軽薄のそしりを免れない。米国流のキャリア論には，そういった懸念がついてまわる。

　もっとも，講義をするとか教師が語って聞かせる方式では，学習の効果はあがらないだろう。学生同士が語り合うようなもっていき方が，工夫されなければならない。

　わたしの場合は，より職業生活がクローズアップされたような自伝，たとえばホッファーの『波止場日記』，サンプソンの『カンパニーマンの終焉』，水上勉の『働くこと　生きること』，石原慎太郎の『息子をサラリーマンにしない法』などを取り上げる。先人たちの働き方や生き様を通して，人生とは何であり，働くとはどういう

ことかに関して考える機会,探りを入れてみる機会をつくる趣旨からである。

わたしは,大学1年次に基礎ゼミを開講し,半期でよいから,自叙伝や自伝を教材にして「生き様学習」を主題にするのがよいと思っている。どの教員も,読み明かした伝記のいくつかはあるはずである(「Ⅳ—2—(1)」を参照してください)。

Ⅱ—2. そもそもキャリア形成とは何か

(1) キャリア支援の多彩な目的

キャリア支援ということがいわれだした当初は,中高年の再就職支援をさす場合が多かった。1990年代に入って以降の日本にあっては,雇用リストラや早期退職勧奨が横行したから,この問題がきわめて重要な社会的課題である点は明白である。若者への「キャリア形成」支援などは,あまり話題に上らなかった。それが2000年代に入り,若者の学卒無業者やフリーターが増大することになってから,様相がかわる。

いま巷には,キャリアとその関連用語が氾濫しているが,「キャリア支援」と一言でいっても,それには多彩な意義と活動が含まれる。それら交通整理することを通して,キャリア形成支援にこめられた意味合いを読み取る手がかりとしたい。

イ)最もよく使われるのは,キャリアアップである。一言でいえば,キャリアの質を高め,キャリアのレベルをあげる試みをさす。いうなれば,職業能力に磨きをかけ,生涯にわたって職業が完遂で

きるようにするということ。

そのためには、再訓練等を通じて現有職業の職務遂行能力をブラッシュアップする、新しい職種に挑戦して職務遂行能力の幅を広げる、資格取得をめざして能力開発を図るとともに、現に資格を取得することによって雇用されうる資質を誇示し、就業の機会を拡大しようとすること（なお、キャリア発達論の大家サビカス博士が「キャリアにはアップもダウンもない」ことを力説した旨を、渡辺三枝子氏が紹介している。『キャリアカウンセリング入門』2001年）。

ロ）キャリアブラッシュアップとは、職歴や経歴に磨きをかけ、職歴や経歴をリニューアルし、リフレッシュするということ。

生涯学習の分野で、リカレント教育という専門用語が使われている。社会の急激な変化、急速な技術革新、平均寿命の延長などを背景にして、「人々がこれまでに習得した知識・技術の陳腐化を防ぎ、労働の機会、能力発揮の機会を保障し、もって自己実現、豊かな人生を過ごせるように」する趣旨から発している。

カレントとは今日的である、通用しているという意味であるから、リカレントとは今日的であり続ける、通用するという意味である。キャリア形成についてもリカレントの視点は必要なことであり、そうすることがキャリアブラッシュアップであり、職歴や経歴をリニューアルし、リフレッシュするということである。

あくまでも主観に照してという域はでないはずであるが、今の仕事や職業が、自分の性格や能力や趣向に合致していないと判断される場合も、職業的能力のブラッシュアップが必要となる。でもこれは、職業マッチングの問題である。

ハ）キャリアチェンジやキャリアシフトという用語も登場してい

る。これまでの働き方と生き方を変えるということ。一つは，時代の変化や社会の要請にあわせるため。二つは，自分なりに考え，めざす働き方・生き方をするためにである。

いま実際に世間で進行している転社，転職，転業とは，その実態からするとキャリアチェンジであり，キャリアシフトを図る行為である場合が多い。キャリア選択（career choice）というのもこのカテゴリーに入る。

ニ）キャリアチェンジにしてもキャリアシフトにしても，その意味するところは，キャリアを成り行きには任せないということ。キャリアは成り行きのままに放置せず，開発・開拓（デベロップメント）し，ブラッシュアップし，リニューアルし，リフレッシュしていくことが必要であり不可欠だという認識から発している。そうすることは，文字どおりキャリアクリエーションであり，キャリアマネジメントである。

ホ）キャリアマネジメントとは，働き方・生き方を，本人が主体的に取り運ぶということ。本来は，確かに個人が自己の責任において取り組むべき事柄であるが，実践レベルでは，そうもいかない。様々な人々や社会制度・社会組織からの支援を必要とし，それなしではキャリア形成もキャリア開発も実現されない。これが，ここでいうキャリアサポートである。

内容的には，キャリアカウンセリング，キャリアガイダンス，キャリアコンサルテーションとなるが，その前提として，キャリアアセスメントと，キャリアフィードバック，キャリアアドバイス，キャリアコーチングという制度と活動が不可欠である。本人へのキャリアモチベーションも，キャリア支援の一環をなすだろう。

キャリアメンターが，実際に学生に対して支援活動を行うにあたっては，クライアントに対してカウンセリングマインドをもって臨み，ラポートをかけることによって主訴を明らかにすることから始まる。学生（一般化していえばクライアント）が求めているキャリア支援の性格は，そのことを踏まえて明確化されていく。

(2) キャリア形成とキャリア開発

ではキャリア形成とはどんなことか。わかりやすさを求めて簡潔にいえば，将来に向けてしっかり働き，しっかり生きていける自分をつくっていく行為。これが，ここでいうキャリア形成である。

そのために何をするか。一言でいえば，めざす生き方，望ましい働き方を実現させるうえで必要となる資材を，身のうちに装備することである。身のうちに装備するとは，考え方や気持ち，知識や技を修得するということである。

1. 土台を築く

どのような働き方をし，どう生きていくにしても，それをするのは自分である。自分がふらふらしていては，未来に向けて前進できない。どんな働き方をしてどう生きていくかをテーマにした，自分の基礎づくり，土台と骨格づくりが不可欠である。

その中心的な行為は学習である。そこには，修行や修業や研鑽という要素も入ってくるであろうが，まず必要となるのは考え方をしっかりさせることである。先に言及したが，それが哲学的思考に裏打ちされていれば，それだけ深みと奥行きがでてくる。それをベースにキャリアビジョンを構想し，人生の海図を作成する。いまだ人

生経験も短いことだし，当然のことながら大まかなものであろう。でも人生の方向をさだめ，着地点について目安をたて，寄港地についてもあれこれ思案する。

ついで人生の見取り図にそって人生航路を前進させるうえで必要なのは，知識を増やし，技を磨くことである。そのうえで，いわばエンジンの類を身のうちに装備することが不可欠である。人生を前進させようとする気持ち，意志，心性が必要となる。先に触れたキャリアマインドのことであるが，それがどんな性格のものであるかは，X講座で取り上げることになる。

キャリアは仕事を通して築かれる人生行路であり，生き方の足跡であり軌跡であるから，キャリアの土台となり，骨格をかたちづくるのは仕事であり職業である。どんな職業（仕事）に就き，どんな働き方をするかを決めることで，キャリアの骨格ができあがる。「キャリア形成」ということを考えるうえで，この点は重要なポイントである。

生き方や働き方に関して，その人なりの形や型をもつということは，人生にとって有意義である。どう生きどう働くかは，そのための土台がしっかり形成されていてこそ，自信をもって生きていくことができるからである。生きることに関して考え方や理念が確立しており，働き方やライフスタイルがしっかりした状態になっていれば，ちょっとした外部環境の変化にも泰然自若としていられる。これが，キャリアデザインを描くことの意義であり，効用といってよいだろう。

ただ現代社会では，一度つくりあげた土台を壊さざるをえない事

態は，しばしば起こる。それは，社会変動や景気動向といった他律的な要因にだけ起因するのではない。人の考え方や気持ちは進化する。そのことを背景に，いわば主体的な選択として，土台の大骨すら壊さなければならない事態に遭遇する。転身や転機をさすのであるが，キャリアのルート変更は，いまやわが国でも日常茶飯の社会現象になっている。

2. 土台を開墾する

そういった点を，客観的事実としてとらえるときに登場するのが「キャリア発達」であり，あるいは「キャリア発展」という用語である。

一方，生き方や働き方の進化や発展を，人々の意識的な試みという点からとらえるとき登場するのが，「キャリア形成」であり「キャリア開発」である。

年齢的に何時までがキャリア形成期なのかという点は判然としない。いくつかの段階があるだろうが，遅くとも25歳くらいまでにキャリアの枠組み（方向）を定め，35歳くらいまでに形（旅程）が定まるというのは，一つの目安になるかも知れない。そこでキャリア形成が終わるわけではないが，昔から「四十にして惑わず」という。

生涯を通じて形成されるものがキャリアであるという見方はあるだろう。つまり人の生き方・働き方は，すべてキャリア形成として存在するというとらえ方は可能である。

一方また，人間の生涯は進化・発展の連続であり，生涯を通じて開発された人生航路（人生行路）そのものがキャリアであるという

見方も可能だろう。つまり人の生き方・働き方はすべてキャリア開発の産物として存在するととらえることも当然できる。

　しかしながら，ここでは，開発ということばには「開墾（掘り起こし）をして，発展させていく」という意味合いを込めておきたい。ある発達段階に達して，たとえば，新しい能力を身につけ，職業や職場を変え，さらには海外留学をするなどして生き方や働き方を進化・発展させる。こういったことを，ここでは「キャリア開発」といっておこう。
　転身あるいは転進といった用語を使ったらわかりよいだろうか，生き方や働き方の幅や奥行きを広げ，膨らませて人生航路を仕立て直すこと，といったらよいだろうか。
　いっぽう形成ということばには，先に触れた通り，「土台をつくる」という意味合いを込め，キャリア形成とキャリア開発を二つながらに使うことにしたい。
　いずれにしてもキャリア開発の概念は，キャリア形成にてこずっている若者世代には，あまりなじまない概念である。いっぽう中高年世代は，営々として築いてきたキャリアが通用しなくなり，いわばキャリアの再形成に向けてキャリア開発への努力が不可欠となっていることがある。いまさらのキャリア形成では，遅いということになろうか。
　キャリア開発は，英語ではキャリアデベロップメント。キャリアアップ，キャリアブラッシュアップ，キャリアクリエーション，キャリアシフト，キャリアチェンジなども，意味的には同じ。キャリアを成り行きに任せず，マネジメントしていくことが必要だという

発想からでてくる用語群である。

Ⅱ—3. 生きることと働くこと

(1) 働くことの意味を問うてみる

若者世代にとって、キャリア形成がどんな意味をもつか。学生にとって、キャリア形成がいかに重要であり必要であるか。このことを、学生にしっかり認識させる。キャリア教育では、まずこのことが課題となる。

でもキャリアはカタカナことばであり、日本語になりにくい。説明が難しい。語義にまでさかのぼって、キャリアに込められた意味合いを学習することも不可欠であろう。だが一番いいのは、見事なキャリア形成の事例、その生き様を教材にすることである。

それでも読者は、これまでの説明で、それなりに理解を前進させえたことだろう。

キャリア教育が次に取り上げるべきテーマは、働くことの意義についてである。人は働きつつ生き、生きつつ働くわけであるが、なぜ働くことがさほど重要なのか。避けて通れないことなのか。このテーマと、じっくり向き合ってもらうことが不可欠である。

それというのも、大人も子どもも、働くことに対して、あまり積極的ではないからである。内閣府が、15〜29歳の青少年とその親を対象に2004年に実施した「青少年の社会的自立に関する意識調査」に、こんなデータがある。

	子どもへの希望	青少年の意識
①多少希望と違う仕事でも, 　働いてほしい／働きたい	52.6％	24.3％
②希望の仕事があれば, 　働いてほしい／働きたい	23.9％	52.9％
③働いても働かなくとも 　どちらでもよい	20.9％	3.6％

青少年の場合, なんと53％が「希望の仕事があれば, 働きたい」という選択肢を選んでいる。この若者たちは, 希望の仕事がなければ働かないということになる。「働きたくない」という選択肢を選んだ若者も5.4％いる。

こんな社会情勢を受けたのであろう, 近年わが国では, 働くことの意義をさぐるうごきが盛んである。書店をのぞくと,『私の仕事65人の職業人の実践』『仕事力』『プロの仕事術』『できる上司の仕事はここが違う』, そして『やりたいことがわからない人たち――人生にとって「仕事」とは何か？』『働くことがイヤな人のための本――仕事とは何だろうか』といったように, 仕事を主題にした書物が並んでいる。

TVの朝の番組にこんなのがある。数人の小中学生が, 一人の大人に向けて「大人は, なぜ働くのですか」と問い掛ける。対応する大人は魚屋, 運転手, 公務員など多彩である。すっきり応えている人もいるが, 口ごもっている人もいる。総じて, 家族を養っていかなければならないのでという説明が多いようだが, 毎朝テレビが, 働く意味を主題にすえたコマーシャルを流したりもしている。

2001年6月から, シリーズ企画『現代日本学原論』が岩波書店

から刊行されたが，その第一号のテーマは「働く」である。「激増する中高年の自殺。社畜のように働き，勤続疲労を起こしている日本人。IT 革命とグローバリゼーション。フリーターの数 150 万人。"働く"意味とは何か ―今，何が起こっているのかを問い直す」という趣旨から発刊されたと記されている。

　働く意味とは何か，なぜ働くのか。人によって答えはいろいろであろう。また働くことの意味や目的は，決して1つや2つのことではない。政府機関が実施する「勤労意識に関する調査」や「世界青少年意識調査」などにみられるように，お金を得るため，社会の一員として務めを果たすため，自分の能力を発揮するためといった3つが抽出される場合が多いが，1995 年の「国民生活選考度調査」では 10 項目がリストアップされている。

　ここでの論点は，しかしながらその内容ではなく，その背景である。なぜ働く意味が問われ，社会的論議の対象になっているのかという点である。

(2) 働き方と生き方の問題

　1990 年代に入って，雇用問題は新しい局面を迎える。当初は，需要不足に起因して失業率が高まり，雇用機会の創出が大きな社会問題となっていた。しかし，2000 年を迎えるころから，就業格差問題がクローズアップされた。正社員として雇用されず，非正社員として就業する人々の割合が増していくことが常態化する。当座の雇用不安は解消されても，生涯労働への不安はより増大した。

　つまり非正社員だと，給料が少ないばかりか，社会保障や年金面

でも待遇が落ちる。職業的能力が磨かれる機会は薄く，将来にむけて職業生活が充実していくことへの展望がもてない。生涯を豊かに生きるという観点からすると，働き口があればそれで済むわけではない。職業の意義が充足されるような，「良き働き口」が準備される必要があるだろう。この際，働きがいとは何かをあたためて考えてみよう，というのが一つの背景である。

現に，先に紹介した国民生活選考度調査によると，「仕事は収入を得る手段にすぎない」としている人は 25.2％ にとどまっている。仕事の効用として

- 「働くことによって人間的に成長できる」をあげる人が 39.8％,
- 「仕事を通じて多くの人々と知りあえる」をあげる人は 50.3％ いる。

それにしても日本社会では，仕事の意義よりも，雇用の機会や舞台が大事とみなされているようである。雇用をめぐる論議はかまびすしいが，職業論はどこかへおきざりされている。採用状況や内定率だけが話題になり，働き方や生き方の問題がみえてこない。キャリア形成というテーマを背後に追いやったままの就業論議には，大きな欠落があるのではなかろうか。

わが国では，労働省と厚生省が一緒になった。英国では 1998 年に，雇用省と教育省が合体して教育雇用省が誕生した。教育雇用省（DfEE）は，その後 2001 年には教育技能省（DfES）と名称を変更し，学校教育と職業との接続性はいっそう強まった。雇用や職業は，わが国では社会保障の問題として扱われ，英国では教育にかか

わる課題と認識されている。生涯を充実して生きるうえで，働くことや職業活動が重要な働きをする。したがって，義務教育段階からのキャリア教育が必要だという趣旨と理解される。

ひるがえって，わが国における大学の学生に対する就職指導は，どんな状況にあるのだろうか。大企業に就職する，知名度の高い会社を選ぶ，労働環境や処遇条件がいいところを狙え，といった指導になっていないだろうか。職業的能力を磨くことができ，キャリアの形成と発展が展望でき，自分の将来に明るい希望がもてるといった視点に，どれほど目が向けられているだろうか。

キャリア論の視点をふまえ，学生のキャリア形成に資するという観点に立つなら，就職指導の性格もこれまでとは違ったものになることが期待される。一言でいえば，良き生き方を支える働き方を探る工夫と努力とが，就職活動の指針になるのではなかろうか。

(3) 働く意義をどうとらえるか

先の『現代日本学原論』の中で，北海道大学の澤口俊之教授はこう述べている。

私たち人類を含めて生物の究極的目的は自分の遺伝子を残すことであり，ヒトが働く一次的な目的は，自分と家族の糧を得るためである，と。

ところが脳のレベルでみると，人間は学習能力が高く，好奇心旺盛で，独創性に豊むという性質をもっている。こういった持ち味を満足させるための労働に意欲がわき，自分や家族のためだけでなく，とくに中年以降は社会のために貢献するという性質を進化させてきたらしい，と説明しています。

つまり,「少なくとも,好奇心や探究心,学習意欲を満足させない仕事よりも,それらを満足させる仕事の方が(その差し当たっての目的が家族の糧を得るためであっても)ヒト的だといえる」と澤口教授は書いている。キャリア教育を通して,学生にも,こういったことを学習する機会が提供されることが必要ではないだろうか。

警世家でならしたB・ラッセルは,「確かにたまらなくいやな仕事はたくさんあるし,仕事が多すぎるのも大変つらいもの」だが,「仕事には,単なる苦痛しのぎから最も深い喜びに至るまで,仕事の性質と働き手の能力に応じてあらゆる度合いが認められる」と述べている(『ラッセル幸福論』岩波文庫)。ラッセルは,仕事と職業がもつ多彩な機能と効能に言及したのであろう。しかしながら,わが国における現実の論議に,そういうニュアンスはうかがえない。

働くことの意義に関して「想起される背景」は,現実にも根づいた背景である。それはいろいろあるだろう。しかし,注目すべきは,働き方と生き方が連動してきたという「現実的背景」である。と同時に,それは,キャリア概念ならびに仕事に関するとらえ方が進化してきたという学問的な背景ともかかわりをもっている。

学生にも,是非,こういったことを学習する機会を提供してほしい。というのは,仕事は生活の必要からするもので,やらないで済むならやりたくない。職業なんて面白いはずはないのであって,できれば就きたくないと決めてかかっている学生が多いからである。

(4) 人生で多彩な活動を楽しむ

職業というのは収入を伴う仕事であるから,通常は,定年を迎え

るとともに終焉する。資格をとり，健康・生きがいづくりアドヴァイザーや，生涯学習インストラクターとして第二の職に従事する人も少なくないだろう。だがその人たちを含め，「仕事」はその後も長期間にわたって遂行されることになる。

その場合の「仕事」とは，料理やショッピングなどの家事，親の介護，子どもの教育と子どもとの遊び，趣味，ライフワーク，ボランティア活動，地域活動，地理・歴史・科学・文学などの学習といった諸活動のことである。

もともと仕事をするとは，自分にとって意味があること，社会的に有意義なことに心身のエネルギーを使うことである。いま書きあげた諸活動は，そういったものとしての仕事のうち，人として生きていくうえで欠かせない活動，いわば「人生における役割」ともいえる性格のものである。

家事は，多くの日本壮年男子の現実とは異なり，配偶者としてなすべき当然の役割である。子どもとして年老いた親の介護にあたり，親として子どもたちの教育（若い親の場合は育児）にあたるのも，人生における役割である。

市民として社会の一員を構成していれば，ボランティア活動や地域活動に従事することは，今日，公民としての人間にとって欠かせない役割となっている。

また余暇を活用して趣味やライフワークに取り組むことは，豊かな人間性を培ううえからは大切な活動である。当然のことながら余暇を活用してそうすることになるであろうが，学習（ラーニング）という活動もまた，人間としての成長にとって不可欠な仕事であり役割である。

このように，人生は，多彩にして多様な活動で成り立っている。だが現役時代にあたっては，職業が，人生の役割として最も重要な地位を占めている。仮に他の諸活動をいくつか欠いてでも，職業活動を抜くことはできないほどに大切な位置にある。だからこそ従来は，キャリア論は即職業論になっていた。

　だが今日は，人々のあいだに，実りある生き方や豊かな人生への期待が強い。その実現に向けて，どう働くか。人生の組み立て方は，こういう順序で構想されるようになりつつある。つまり，人生設計（ライフプラン）に基づいて働き方がデザインされるようになった，ということである。

　では実りある生き方，あるいは豊かな人生とは何か。おそらく金銭的に豊かで，空間的・時間的にゆとりのある状態をイメージする人が多いだろう。選択肢が多いとか，自己裁量の余地が大きいという点をクローズアップさせる論者も多いだろう。だが一方で，キャリア論は説くだろう。人生において期待されているさまざまな役割を完遂すること，これこそが実りある生き方であり，豊かな人生である，と。

　さらにいえば，人生において期待されている役割を完遂することは，「生存の論理」にそっているとわたしは考える。生存の論理とは，「何故われわれは生きるのか」に関する知的感性的な理屈といったらよいだろう。よく生きるために，よく働く。よき働き方がよき生き方を支える。こう説くキャリア論は，よく生存の論理に立脚しているようである。

演習〈X講座〉

キャリアとキャリアデザイン
―将来の生き様に目をすえる―

　なぜ人は生きるのか。こう問われて,「はいこうこうです」と回答できる人は少ないだろう。場合によったら,われわれは,その答えを探し求めて生きているのかも知れない。人は,ただ生き続ければよいというわけではない。

　必ずしも描いた通りにはならないにしても,自分の将来を構想し,歩んでいく人生行路を展望することは,生きるうえで大きな牽引車になるはず。というより将来への希望と展望を欠いては,「生涯を充実して生きる」ことはできないだろう。生涯というのは,一生にわたる人の生き方であり,人生の全行路のこと。

　生き方は,幼児期,青年期,成人期という発達段階に応じて異なるが,生涯を生きるとは,人生を長期的視点でとらえ,多彩な要素が織り成す全体像に身をゆだねることを意味する。人生は,こういった発達過程を踏んで前進する「生き様」であると理解できる。

　四季にたとえると,人生は黒冬から始まると東洋の思想は教えているようだ。みごとな着想かと思う。幼少期は朦朧としており,期待と不安が入り混じり,未来が見極めがたい状況。そうであれば,苦労しながらも知識と技能を蓄えていかなければならない。

　大学生は,社会人として人生を再スタートすることに向けて,修学に励んでいる時期。大人としては半人前である。「学校から社会へ」という大きな人生の転機を目前にして,不安感でいっぱいとい

うところであろう。

それにしても「納得のいく人生，充実した生き方」といい，「人生を全うし，生涯を生きる」とはいっても，なかなか難しそうだ。その難しさを克服するには，相当の工夫と努力が必要となるであろう。ずっと以前であれば，人生はコントロール不能なものと受け止められていた。人生をデザインし，生き方をマネジメントするなどは，「神のみぞ知ること」であって，人為の及ばないことという理解が大勢だった。

その点キャリア論は，生き方や生き様を具体的に解き明かしていこうとする。人はそれぞれ，どんな働き方をしてどのように生きていくかについて，自分で責任をもって取り運んでいくことの重要性を説く。いまの日本社会にとって，とても大切なことをテーマにしている。

そのためであろう，こんにちキャリアの形成や開発は，時代のキーワードになるほど重視されている。キャリア論が日常的に展開され，関連する書籍もたくさん書店に並んでいる。キャリア論が問題にするのは，人生と職業との好循環，生き方と働き方との連動という面である。

〈**付記**〉演習〈X講座〉がテーマにしているのは，キャリアとは何か，キャリアデザインにはどんな観点からどんなことを織り込むかである。大学生には，是非とも学習してほしいテーマである。ということは，学生支援キャリアメンターとしての役割をとる教職員もまた，視野に入れておく必要のあろう事項です。

大学生の場合は，自己のキャリア形成をどうするかという観点で

チェックシートに臨みます。教職員は，そのことを学生に求め，また指導します。

　その一方で教職員は，キャリアやキャリアデザインについて，学生がどんな考え方を持っているかを洞察しつつ，チェックシートと対話をする。わたしはこうチェックするけれど，学生たちはどうチェックするだろうか，と思いつ推量する。その過程が，そのままずばり学習である。

　この教材は，こういった性格の「キャリア学習教材」です。

X—1. 大学生が抱えているキャリア課題

—いつでも誰も，人生は迷いと不安の中にある—

(1) 青年期は，暗黒期だというが

人生の発達段階に対応して，人は，さまざまな課題に直面する。

ここでは，学校から社会へと大きく舵を切り替えようとしている大学生に焦点をあて，当面するキャリア課題がどんな性格のものかを考察することにする。キャリア課題は，30代，40代，50代にも存在する。当然のことながら，性格は異なるが。

人生の発達段階はどう区分されるのか。それは識者によって異なるが，たとえば「人生の四季」を書いたダニエル・レビンソンは，児童期と青年期（0～22歳），成人前期（17～45歳），中年期（40～65歳），老人期（60歳以上）という4期に分けた。4つの職業群から10人ずつ，あわせて40人を選んで実施した綿密な面接調査がベースになっている（南博訳『ライフサイクルの心理学』）。

それによると，青年は17歳から22歳くらいの間に成人へと発達していくための基礎づくりをするが，この期間が「成人への過渡期」。次の22歳から28歳くらいまでが「おとなの世界へ入る時期」。大人世界がもつ可能性を模索し，大人としての選択をいくつか試み，暫定的ながら，成人期最初の生活構造をつくりあげる。

さて大学生は，「成人への過度期」に自らの身をおき，次の「おとなの世界へ入る時期」へ踏み込む準備をしているわけである。過

渡期という表現が物語っているように，青年から大人への転換点に立っている。別のいい方をすれば「学校から社会へ」への移行を目前に控えている。そして，その転換（トランジション）を見事に成し遂げようと精進し，努力を重ねているわけである。

人生の転換点はいくつかあるわけだが，このシフト（移行）がスムーズに運行されていくには，それぞれの段階でぶつかる人生上の諸課題を克服していくことが要請される。では青年から大人への転換，学校から社会へと人生の過程を進める局面にあって，人はどんな人生課題（発達課題）を抱えているのだろうか。レビンソンは，次のような4つが重要であると指摘する。

　イ．「夢」をもち，その夢を生活構造の中に位置づける
　ロ．良き相談相手をもつ
　ハ．職業をもつ
　ニ．恋人をつくり，結婚し，家庭をつくる

学生に対するキャリア支援は，彼らや彼女たちが抱えているであろう人生課題がどんなもので，どういった特徴を持っているかを明らかにすることが，そのスタートになるだろう。

(2) セルフチェック

【設問1】いま学生が抱えているかも知れない悩みや思いを，以下のような20項目にまとめてみました。学年によって違うでしょうが，仮に2年生としてみましょう。推察の域は出ないわけですが，多くの学生は，どんな状況にあると思いますか。

それぞれのメッセージについて，以下の「イ〜ホ」のいずれか1

つを（　　）の中に書き入れてください。

イ．強くそう思う
ロ．どちらかといえばそう思う
ハ．どちらともいえない
ニ．どちらかといえばそうは思わない
ホ．まったくそうは思わない

1. これからの進路を，何を基準に決めたらいいのかわからない（　　）
2. 社会に出るまえに，やっておきたいことがたくさんあるように思う（　　）
3. 職業に就きたいという気持ちが，あまりわいてこない（　　）
4. 自分がどんな職業に向いているのかよくわからない（　　）
5. 自分がどんな職業に就きたいのかよくわからない（　　）
6. 自分なりの個性づくりが大切だと思う（　　）
7. そもそも自分の性格がわからない（　　）
8. 何の趣味も特技もなく，人間的な幅が狭いように感じる（　　）
9. 人との交流をもっと密にして，人脈を広げたい（　　）
10. 他人の個性を尊重し，いろいろな人の考え方を聞く（　　）
11. 将来的に明るい家庭をつくることができるだろうか（　　）
12. 将来的に収入は確実にふえていくだろうか，経済生活は安定

するだろうか（　　）

13. 自分の能力や知識は，社会や時代の変化についていけるかどうか（　　）
14. 社会にでてから，他人と上手にコミュニケーションできるだろうか（　　）
15. 性格が優柔不断で，何かにつけて逡巡ばかりしているのではなかろうか（　　）
16. 自分を生かせる，自分に合った職業に就けるだろうか（　　）
17. 明るく，楽しい職場で働くことができるだろうか（　　）
18. 何年か先に，フリーターなってしまうようなことはないだろうか（　　）
19. 一人前に仕事がちゃんとできるようになるだろうか（　　）
20. 組織のしばりに慣れ，組織人としてやっていけるだろうか（　　）

(3) 大学生が抱える最大のキャリア課題とは

いま多くの大学が学生のキャリア支援に向けてうごきを加速させているが，学生たちが抱えるキャリア課題を，大学はどれほど把握しているだろうか。どんな支援に向けどう取り組むかの意思決定に先立って，このシートを使って，在校生の意識の実態を調査してみたらいかがであろうか。

人生は山あり，谷あり。いずれにしても一直線には進まないもののようであるが，それは人の内側と外側とが，相呼応しながら変化するからである。それを称して，われわれは人の成長といい，発達というのであろう。だが人間の成長と発達には，年齢できざまれ

る，年齢段階ごとの特性があり，変化があるということ。

たとえば苦労と努力を通して「おとなの世界へ」入ってはみたものの，10年も経つと，自らの選択は間違いではなかったかと不安になることがある，とレビンソンはいう。外部環境も変化するけれど，人間自身が肉体的・心理的な変化によって，それまで築いてきた生活構造を，修正しなければならなくなる。かくして人間は，生涯を通じて課題を抱えることとなる。

大学生は，これから，学校をでて実社会へと足を踏み出そうとする。いい方をかえれば，学業の世界から仕事の世界へと前進することになる。場合によったら，温室から荒れ狂う大海原へと出立すると表現できるほどに，大きな転機に遭遇することになる。課題が山積していることは，あまりにも明白である。でも迷いと不安も，これまた同じように大きい。

人は誰も，人生の節目と節目で，自らのキャリア課題と真剣に向き合うことが要請される。大学生から社会人へのシフトは，まことに大きな人生転機である。そのことを見通して，早めの点検が必要である。

たとえば，自分を生かせる，自分に合った職業に就けるだろうか（16），一人前に仕事がちゃんとできるようになるだろうか（19）と思案し，何年か先にフリーターなってしまうようなことはないだろうか（18）と悩んだりもしてしまうだろう。

それというのも，性格が優柔不断で逡巡ばかりしているのではなかろうか（15），他人と上手にコミュニケーションできるだろうか

（14）といったように，自分の性格や能力に自信がもてないからだろうか。そこで，人間的な幅を広げる（8），人との交流を密にする（9）といったことが課題になる。

　もっと切実なのは，何を基準に進路を決めたらいいのかわからない（1），という場合である。どんな職業に向いているのかわからない（4），どんな職業に就きたいのかわからない（5）というのも同類だが，とても辛いことだろう。あげくの果て，社会になど出たくない（2），就職したいという気持ちがわいてこない（3）などとなったら，めざす課題の達成などは夢のまたユメになってしまう。

　それら課題がなんであれ，どの発達段階の，どの年齢にある人にとっても，生涯を生きるという観点からすると，誰にとっても中核的な課題が一つある。人生というでこぼこな細い道を，力強くしっかりと生きていける力を身につけること，それである。

Ⅹ—2. 大学生に望まれるキャリアマインド

—自己完遂への意志—

(1) 手綱を自ら握り，自分で舵をとる

キャリアということばには「生涯を生きる」という意味合いが込められていることを，先に説明した。今を生きる，その時その場の生活を大事にする，というニュアンスとは違う。生涯を生き抜くという，人々の強い意志を内にひめた用語だと理解される。

動詞のキャリーは，運ぶという意味。自分の人生は，自分で運ばざるをえない。その軌跡がキャリアである。それは，山もあり谷もある，でこぼこした細い道かも知れない。小船が，大海原を蛇行しつつ進行する航路にも譬えられるであろうか。

何の備えもなく旅立つわけにはいかない。それなりの気構え，ビジョンとデザイン，そして知識とスキルが必要になるであろう。人々が願うのは，充実した，納得のいく生涯である。予想される障害や苦難をのりこえて，「生涯を全うする」ということである。

もともとキャリア論は，「充実人生」への人々の願いに応えようという趣旨から発祥している。だからこそ，今注目されるわけであるが，キャリア論の考え方からすると，充実した人生とは，人がそれぞれに「生涯を全うする」ことである。全うするとは，長生きをするという意味ではない。自己を完遂させ，自己の存在意義を確かなものにするという意味合いである。キャリアということばに込め

られた第一の意味は,「自己の完遂」である。

　さてしかし,自己を完遂させ,自己の存在意義を確かなものにすることは,そう容易なことではない。キャリアを形成し,また開発していくには,不断の工夫と継続的な努力があってはじめて可能になるはずである。またそれは,本人の主体的な取り組みとしてなされてこそ実現される。他人任せで,成り行きのままにというのではなく,自ら手綱を握って行路（航路）を前進させることを通して人生は築かれていく。

　では自己完遂に向けてなすべき大事なことは何か。①しっかり働くこと,②自分を発展させ成長させること,③人々とよい関係を築くことの3点は,ことのほか重要となろう。

　かくしてキャリアに込められ第二の意味は「仕事充実志向」,第三の意味は「自己発展志向」,第四の意味は「関係性の確立」である。人々のキャリア形成は,関係する多くの人々のサポートがあってはじめて現実のものになるはずのものである。

　キャリアに込められたこういった精神や心いきを,学生はどれほど身につけているか。このチェックシートを学生にぶつけ自問自答しつつ,自分のキャリアマインドが強いか弱いかを振り返ってもらう。それがいちばん手っとり早いやり方であるが,教職員に洞察してもらうのが,この設問の目的である。

（2）セルフチェック
【設問2】学生が卒業後10年間,生活信条にしてほしいと期待するのはどんなことでしょうか。以下に,20項目をリストアップして

みました。それぞれ，期待度を次の「イ〜ホ」の中から1つを選び，（　　）の中に点数を書き入れてください。

　イ．かなり強く期待する（5点）
　ロ．やや強く期待する（4点）
　ハ．どちらともいえない（3点）
　ニ．あまり期待しない（2点）
　ホ．まったく期待しない（1点）

1. 自分の人生に誇りと自信がもてる生き方をする（　　）
2. 生涯を通してやっていきたい，自分なりのライフワークをもつ（　　）
3. 可能性を求めていろいろトライしてみる（　　）
4. 自分の持ち味をさがし，個性的な生き方をする（　　）
5. 責任ある仕事やポストを任されるようにする（　　）
6. 幅広い興味と関心をもって，知識の習得につとめる（　　）
7. 変化する客観的状況を，自分の生き方・働き方の中に取り込む（　　）
8. 人間としての個人的成長もこころがける（　　）
9. いろいろな人の，多彩な生き様について学ぶ（　　）
10. 当面のことにとらわれず，将来を見据えて生きる（　　）
11. 自分のビジョン，使命感と役割意識をもって生きる（　　）
12. 自分がやりたいことに，時間と金を重点的に配分する（　　）
13. 仕事の中に，自分の潜在可能性をフルに発揮する（　　）
14. 成り行きに流されないよう信念をもって生きる（　　）

15. 社会生活において，公共心や社会的マナーを守る（　　）
16. 挑戦しがいのある仕事を探し求める（　　）
17. 不断に職業的能力の開発につとめる（　　）
18. 職場において良好な人間関係を築くようにつとめる（　　）
19. 友人や知人と親しく交際し，交流すること（　　）
20. 周囲の人々の発言内容や気持ちに耳を傾ける（　　）

＃．とくに重要だと考える項目を3つ選び，下の（　　）に番号を書き入れてください。

（　　）　　　（　　）　　　（　　）

(3) 学生のキャリアマインドは十分に確立しているか

リストアップした20項目は，自己完遂への意志，仕事充実志向，自己発展への意識と能力開発，関係性の確立のいずれかの意味が込められるように文章化されている。

・自己完遂への意志をテーマにした項目；1，3，4，9，14
・仕事充実志向をテーマにした項目；2，5，13，16，17
・自己発展志向をテーマにした項目；6，7，8，10，12，
・関係性の確立をテーマにした項目；11，15，18，19，20

リストアップされた20項目のすべてに，
● （イ）と付ければ合計点は100点（5点×20），
● （ホ）と付ければ合計点は20点（1点×20）
というような計算になる。

仮に学生自身に回答してもらったとしましょう。ある学生が，

(1) 100点を採ったとすれば，その学生のキャリアマインドは十分に確立しており，その度合いは100％ということになる。
(2) 仮に20項目のすべてが（ロ）であると，合計は80点。この80点というのは，キャリアマインドの確立強度としては，まずまずの及第点。その学生は，今後の研鑽と精進によって，しっかりした足取りで人生を前進させていくことができるだろう。
(3) 60点未満であると，その学生のキャリアマインドは十分に確立してるとは言えない。将来に向けてのキャリア形成に，赤信号が灯ることになる。キャリアマインドは，強度としてはきわめて弱いということです。

さて計算の仕方だが，20項目をいっぺんに扱うのではなく，まず先の4区分にわけて数値を算出する。そして，4区分ごとの得点を合算して総得点を算出するのがよさそうである。そうすれば，自己完遂志向，仕事充実志向，自己発展志向，関係性確立志向のうちで，どれが高くどれが低いかがみえてくる。

さて皆さんは，このチェックシートを，大学の教職員という立場で点検している。わが大学の学生たちは，キャリアマインドをしっかり身につけているか。将来に向けて，しっかり働いてしっかり生きていこうという意識は確立しているかどうか。総じて，どんな要素について高く，どんな要素について低いのか。

こういった点を確認することは，キャリア教育の立案と推進にあたって，大事な作業である。キャリア形成支援をどう進めるかにかかわる，重要な資料となるはずです。

Ⅹ—3. 人生ビジョン

—何を大事にして生きるか—

(1) 何を大事にしていくか

　人生の目的や意味，あるいは生きがいというテーマを，真っ正面から扱っていくのは難しい。あれこれ考えをめぐらせることはできても，容易に答が出せるようなテーマではない。「人生において何をめざし，何を実現したいと思っているか」と問われて，何人の人が即答できるだろうか。ましてや，「人生において何をめざすべきか，何を実現するのがよいか」ということになれば，どう回答したらよいのだろう。指南はいっそう困難である。

　しかしながら，人は誰も，生きていくうえで大事にしていきたい何かをもっている。こんなことを大切にしていきたい，と考えていると思う。ある人は，豊かにね，充実感をもってね，と思っているであろうか。他人には負けたくないとか，オンリーワンの人間になりたいと心に秘めている人。大芸術家になる夢，世界の人々から賞賛される仕事をするというビジョンなど，めざすことは人によってさまざまであろう。

　それが目的なのか，夢なのか，ビジョンなのか。それはまちまちだが，人が生きていくについては，何かに動機づけられている。あるいは，駆り立てられる何かがあるということだろう。自分なりに大事にしていることがあって，その実現をめざすといういい方もで

きそうである。

　いずれにしてもキャリアデザインを描くうえでは、自分の中にある価値観との突合せが必要となる。よく使われるのは、「価値観カード」というもの。一言でいえば、人生で大事にしていること、大切に思っていることが人生価値。それをリストアップし、1項目、1カードに書き込んだものが価値観カードである。

　これまでに多くの研究者が、価値観リストを世に出してきている。人の価値観をきれいに類型区分することは難しいが、注目されるものの一つにロキーチの研究がある。大きく究極的価値と手段的価値に分け、総数12項目に集約している。安楽な生活、意義のある生活、平和な世界、平等、自由、成熟、国家の安全、他人への尊敬、他人からの尊敬、救済、真実の友情、英知、がそれである（中西信男、1995）。

　一瞥してその崇高さに脱帽するが、人々の生活実感からすると抽象度の高いリストとなっているかと思う。

　具体的なキャリア支援との関連では、たとえばR・ヤングは「人生で価値を置いていること」として12項目をリストアップしている（*Initial sense of what you value in life*, 2003年）。またJ・リースは、「人生を動機づけているもの」として12項目をリストアップしている（*Motivating factor*, 2003年）。

(2) セルフチェック
【設問】人生を生きていく中で、あなたが大切にして（重視して）いきたいと思っているのは、どんなことでしょうか。次の20項目

のそれぞれについて，以下の基準で，＋2，0，－2のいずれかを
（　　）に書き入れてください。

X＝重視している（＋2）

Y＝どちらともいえない（0）

Z＝重視していない（－2）

 1. 挑戦しがいのある仕事をすること（　　）
 2. 役立つ商品やサービスを開発すること（　　）
 3. 多くの経済的報酬を獲得すること（　　）
 4. 他人の個性や人間性を尊重すること（　　）
 5. 家族の幸せ，そして円満な家庭を築くこと（　　）
 6. 友人や知人と親しく交際し，交流すること（　　）
 7. 主体性を確立し，独自性を発揮すること（　　）
 8. 社会のうごきから取り残されないようにすること（　　）
 9. 社会における指導的地位に就くこと（　　）
10. その道の専門家になること（　　）
11. 人間として個人的にも成長していくこと（　　）
12. 世界の秩序と発展に貢献すること（　　）
13. 芸術や文化の発展に役立つこと（　　）
14. 責任ある仕事やポストを任されること（　　）
15. 趣味を活かしてボランティア活動をすること（　　）
16. 美しい自然づくりと生態環境の保全に努めること（　　）
17. 世界を舞台に活躍すること（　　）
18. 生涯にわたって学習しつづけること（　　）

19. 地域づくりへに向けて積極的に提案していくこと（　　　）
20. 革新的な技術，事業，研究を産み出すこと（　　　）

〈計算〉

20項目は，それぞれ次のように区別される。この区別にしたがって，得点（プラス，マイナス合計点）を書き入れてください。

A = 1, 2, 3, 14, 20・・・（　　　）点
B = 7, 9, 10, 11, 18・・・（　　　）点
C = 12, 13, 15, 16, 17・・・（　　　）点
D = 4, 5, 6, 8, 19・・・（　　　）点

A，B，C，Dの中で，得点がプラスになったものは，あなたが人生で大切にしている価値（重視していること）です。

プラスになった中では，得点が高いカテゴリーが，それだけあなたが人生で大切にしている価値（重視していること）ということになる。

一方，マイナスになったカテゴリーは，あなたが人生で大切にしていない（重視していない）ことです。

(3) 一つの価値類型

人の価値観は多様だが，一定の尺度を当てはめて類型化することがよくなされる。ここでは，次のような4つの価値パターンを区分することにする。

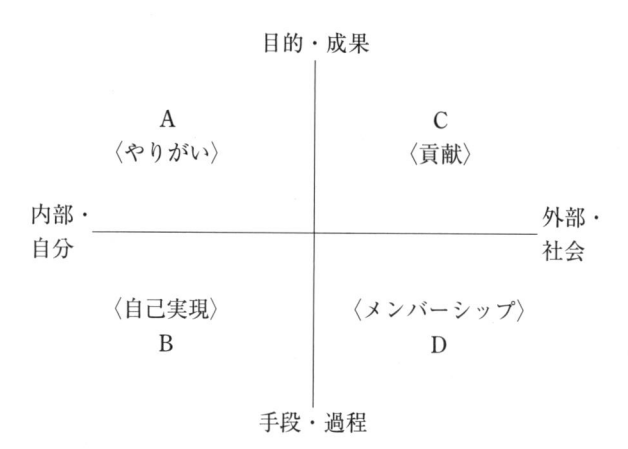

[Ⅱ] 学生の「キャリアデザイン力」を育てる　83

```
                    目的・成果
                       │
          A            │            C
       〈やりがい〉      │         〈貢献〉
                       │
  内部・ ────────────────┼──────────────── 外部・
  自分                  │                  社会
                       │
       〈自己実現〉     │      〈メンバーシップ〉
          B            │            D
                       │
                    手段・過程
```

　多様な価値観を羅列するだけでは，いろいろあるな，人々の価値観は多彩だという認識で終わってしまう。一つひとつの価値観が，他の価値観とどんな面でどう違うか。それを確認することが大事である。価値観に関する全体的な見取り図があり，その中に位置づけられると，それぞれの価値観がもつ意味合いや独自性が浮き彫りになります。

　ここでは，次の２軸で４つに類型化してみた。

　　①タテ軸；「目的・成果」と「手段・過程」のどちらに着目しているか
　　②ヨコ軸；「内部・自分」と「外部・社会」のどちらに視点が据えられているか

　タテ軸とヨコ軸で４区分された価値類型は，次のような性格のものである。

〈A〉人生で大切になるのは「自分の能力と努力を通じて、世の中に一定の成果を実現していくこと」であるという観点から設定された価値。

優れた技術を開発する、独創的な事業を興す、芸術作品を残す、資産を蓄えるなど、その形はいろいろあるだろうが、一言でいえば仕事の達成感を重視するという意味合いから、〈やりがい〉価値と名づけておく。

〈B〉で大切になるのは「自分自身の成長であり、自分の能力や個性の発揮であり、そういったことを含めた自己の完遂」であるという観点から設定された価値。

一人前の専門家になる、人から尊敬される人物になる、難しいポストを任されるなど、その形はいろいろあるだろうが、一言でいえば自己を完遂させることを重視するという意味合いから〈自己実現〉価値と名づけておく。

〈C〉人生で大切になるのは「自分の内部ではなく外部、広くいえば地域や社会や世界に対してどう寄与するか」であるという観点から設定された価値。

役立つ商品や独創的な事業を開発することもそうであるが、そのことを強く意識した、目的的で計画的な社会への貢献、私利私欲に走らないという点からの、広い視点に立ったという意味合いから、〈貢献〉価値と名づけておく。

〈D〉人生で大切になるのは「自分が外部社会の一員であることを自認し、地域・社会・世界と適切なかかわり方を発見していくこと」であるという観点から設定された価値。

周囲の人々と親密な関係を保つ、信頼のおける誠実な人物にな

る，質素な生活をおくるなど，その形はいろいろあるだろうが，一言でいえば，健全な関係づくりを大事にするという意味合いから〈メンバーシップ〉価値と名づけておく。

(Q) 数値からクローズアップされたあなたの人生価値は，実感と合致しますか，しませんか。いずれかにチェックしてください。
　　　YES（　　）　　　NO（　　）　　　中間（　　　）

X—4. 人生観，世界観，そして生活観

—望ましい生き方とは—

(1) 生き方に基本形があるという

人生目標のあとを受け，次に，生き方をテーマにしよう。どんな信条を胸にひめ，どんなやり方で人生を送ろうとしているか。生き様といってもよいだろうが，われわれは，自分の生き方がどんな性格かについて，あまり意識していない。自分なりの人生の処し方や生活の仕方の特性，それがどんな性格のものかなど，あまり確認できていない。

生き方がどうのこうのというのは，七面倒くさい観念的遊戯である。人生の豊かさは，そういったことと無関係だ。こう割り切っている人も多いだろう。仮に生き方の特性把握に関心はあっても，それがどうすれば把握できるのか疑問をいだいている人も多いだろう。いったい生き方に，タイプなどというものがあるのだろうかというわけである。

かつてC・モリスは，思想史に登場する主要な人生哲学を比較検討することを通して，次のように，3つの「価値の基本的次元」（生き方の基本パターン）を抽出した（見田宗介，1966）。
(d) ディオニソス要因：その時どきの欲求のおもむくままに，思う存分に生きる
(p) プロメティウス要因：外界を支配し，変革するために活動し

努力する

(b) ブッダ要因：欲求を規制することによって心の安らぎを保つ

　これはいわば純粋型であって，一個の人間がこの3つを併せもっている。ただしそれぞれの強弱と，構成比は人によってちがう。つまりdとpとbとを同じ比重でもつというより，どれかが高く，どれかが低いということがあるだろう。そう考えて実証研究をかさね，最終的に13の生き方のタイプが類型化された。

　われわれの生き方は，それらの一つに傾斜しているわけではなく，現実には混在している。だがそれぞれについて，どれほど共感するか，その度合いをチェックすることによって，自分なりの生き方の特性を知る手掛かりを得ることができるだろう。

　生き方を規定するものとして，その人の人生観や価値観の存在は大きい。だが，必ずしもそればかりではない。これまでの人生経験，そこでの成功と失敗，そして健康状態といった要因によっても規定される。また年齢とともに変化する。しかしながら，自分がめざす生き方と相当に距離のある職業に就くことは，あまりない。自分の性格や好みと異なる職業を選択するというのは，多くの人にとって避けたいことである。

　その意味で，生き方は職業を選択させ，職業の継続や転職を指図することになる。というよりも職業とはわれわれの生き方の表明であり，もっといえば生き方そのものである。職業活動はいわば生き方の引き写しであり，どう生きるかの実践形態であるといえる。生き方について考えてみようとするのは，このためである。

(2) セルフチェック

【設問2】以下の13の文章それぞれについて，次のY，?，Nのいずかを，〔　　〕のなかに記入して下さい

  「共感する」ならば　　　　　　　　　　　　・・・・Y
  「よくわからない，何ともいえない」と思えば・・・・?
  「共感しない」ならば　　　　　　　　　　　　・・・・N

〔　　〕1. 過度の欲望をさけて中庸を求め，活動的な中にも秩序を保つのが大切

〔　　〕2. 他人や物事への依存はさけて，生活の中心を自分自身の修養におく

〔　　〕3. 他人への思いやりと助力が大切であり，共感的な愛のみが意義をもつ

〔　　〕4. 人生は楽しむためにあり，気分のおもむくままに生きることが大切

〔　　〕5. 自分に固執せず，集団のなかに溶け込んで協力と友情を楽しむ

〔　　〕6. 人類の進歩には不断の努力が必要であり，小善に甘んじてはいけない

〔　　〕7. 人生の目的は，活動と思索の統合によるダイナミックな生き方にある

〔　　〕8. 風味ある食事，居心地よい環境，友との談笑，気晴らしと休息こそ大事

〔　　〕9. 人生のよきものは求めずしてやってくるもので，あくせくすること厳禁

〔　　〕10. よき人生は高い理想をかかげ，合理的な生活をめざす克己心で実現される

〔　　〕11. 外界はあまりに巨大で御しがたく，豊かな内面生活こそは人間のふるさと

〔　　〕12. 積極的な行動と外に向けられたエネルギッシュな活動が豊かな生活を築く

〔　　〕13. 質素で誠実で謙虚な自分をもって善をはぐくみ，役立つ人間になる

(3) 生き方と職業の相性

モリスは，3つの「価値の基本的次元」をもとに，最終的に13の生き方のタイプを抽象した。チェックしてもらった13の文章は，その意味するところを酌んで，それぞれ，ごく短い文章で表現したものである。あらためて要約し，タイトルをつけておこう。

1が中庸型であり，以下順に，達観型，慈愛型，享楽型，協同型，努力型，多彩型，安楽型，受容型，克己型，瞑想型，行動型と続き，最後の13は奉仕型となる。

人はそれぞれに，固有の価値観や哲学を身につけている。人間に関して，社会に関して，そして自然や宇宙や時間といった事柄に関して，自分なりの考え方をもっている。

したがってこの13の生き方タイプが示されたとき，人は，このうちのどれかには強く共感し，どれかには強く反発することになる

だろう。それこそが人々の生き様を決めるのであり、おのずと職業の選択や、ライフスタイルの選定にも反映されることになる。

実際問題として、自分の生き方として「ブッダ要因（b）」が最もあっているという人は、間違っても事業家の道を選択することはないだろう。たとえば親の事業を引き継ぐという、やむをえないような事態にでもなった場合は、先行き予想されるのは悲劇だけだろう。ブッダ型の生き方は、「欲求を規制することによって心の安らぎを保つ」ことこそが神髄だからである。

いっぽう事業家の真骨頂は、時代の変化を読み、新しい発想で技術開発や商品開発に取り組み、リスクを覚悟でマーケティング活動を展開し、事業を成功させることから大きな喜びを得ようとする。「欲求を規制することによって心の安らぎを保つ」といった姿勢では、とてもこなせる職業ではない。（d）（p）（b）という3つの基本的価値次元のうちでは、「外界を支配し、変革するために活動し努力する」というプロメティウス要因（p）こそが、事業家にお似合いの生き方というものであろう。

ただし事業活動の推進にも、「過度の欲望をさけて中庸を求め、活動的な中にも秩序を保つ」（中庸型）姿勢がないと、局面が変化する中では奈落の底に追い落とされかねない。その点は、バブル経済の崩壊過程で多くの事業家が体験したことであって、事業経営に中庸が不可欠なのは明白である。

また「他人への思いやりと助力が大切であり」（慈愛型）、「質素で誠実で謙虚な自分をもって善をはぐくみ、役立つ人間になる」（奉仕型）生き方は、企業市民型の事業家にとっては必須の資格要件である。

つまり人の生き方には，ドミナント・スタイル（主導型・基本型）とともに，バックアップ・スタイル（支援型・派生型）があるということである。事業家の場合は，価値次元でいえば，ドミナント・スタイルはP，バックアップ・スタイルはBである。類型次元でいえば，ドミナント・スタイルは行動型，バックアップ・スタイルは奉仕型である。

翻って「ブッダ要因（b）」に根ざす生き方とは，細分化すると，「他人や物事への依存はさけて，生活の中心を自分自身の修養におく」（達観型），「あくせくすること厳禁」（受容型），あるいは「豊かな内面生活こそは人間のふるさと」（瞑想型）というようになる。こんな生き方に適った職業に就くことができるなら，人生は万万歳ということになる。常識的な回答にしかならないが，牧師や僧侶などの聖職者，哲学者に代表される人文系の学者，公平無私な判決に向けて起案する裁判官などが想起される。

先に事業家は「プロメティウス」的生き方の人がお似合いだと書いたが，このタイプにも，いくつかの生き方が区分できる。

「人類の進歩には不断の努力が必要であり，小善に甘んじてはいけない」という努力型，「よき人生は高い理想をかかげ，克己心をもつことで実現する」という克己型，「外に向けられたエネルギッシュな活動が豊かな生活を築く」という行動型，などいろいろある。したがって事業家のほかにも，たとえば政治家，弁護士，建築技師，外科医，教師，プロスポーツ選手などが，こういった生き方に似つかわしい職業として想起される。

さて「その時どきの欲求のおもむくままに，思う存分に生きる」

というディオニソス要因（d）の場合はどうなるであろうか。生き方として大いにありうるが，ふさわしい職業となると，多くを想起することは難しい。

これを，豊かな感性とともに，感情のほとばしりを感じさせるような生き方というように理解すると，職業活動にも織り込まれるべき価値次元としても，重要である。とりあえず画家，舞台俳優，演出家，声楽家，小説家などをあげておこう。芸術家については，ディオニソス要因を内在化させていないと，その職業活動が未成熟なものに終わることは明らかである。

(Q) あらためて，別の問いかけをしますので，自分の人生観，世界観，そして生活観を確認してみてください。
(1) あなたの生き方は，D, P, B のどのタイプどれですか。下の〈　〉に，どれか一つを入れてください。

〈　　〉

(2) 13の文章のうち，特に気にいったもの二つを，下の〈　〉に入れてください

〈　　〉　〈　　〉

Ⅹ—5. 将来からアドヴァイスをもらう

─10年後の生き様を展望する─

(1) キャリアの中間点

　山あり谷ありの航路をたどって到達するであろう，いわば人生の終着点のことを，ここではキャリアゴールといっておこう。生命科学の分野で優れた研究者になる，ショパンコンクールで優勝して世界的なピアニストになる，日本一の呼び声高いソムリエになる。こんなゴールをかかげたら，何やら陰口をたたかれるのが関の山だろうか。

　2年に一度は海外旅行ができるような生活をする，職業活動とボランティア活動を両立させる，周囲から全幅の信頼をよせられる地域社会の指導者をめざす。こういったゴールをかかげたら，頑張ってくださいといわれるだろうか。

　それにしても，人生のゴールは，そうそう若い時代には決めがたいだろう。そのうえ，仮に決めたにしても，実現されるとは限らない。職業や勤務先にしても，家庭生活や居住地にしても，思っている通りにはならない。それでも，めざす方向ぐらいは描いておかないと，まったくの彷徨える人生になってしまう。大海を漂流する小船のごとくなるのを避けるには，羅針盤が必要である。

　それでは人生の方向や羅針盤は，どうやって定めたらよいか。一つのやり方は，10年ぐらい先の自分を展望してみることである。

こうあってほしい，こうなりたい，こうなるべきという要素が，自ずから入り込んでいるであろう将来の自分像。そこのところを想像してみるのである。

　若年世代にとって，「学校（学業）から職業（仕事）」の世界への移行は，人生における一大転機である。迷い，かつ悩みつつ一大決心をして職業を選び，社会へと巣立った。ところが10年もすると，多くの彼と彼女たちは，この選択は適切だったのだろうか，と迷い，かつ悩むのである。

　そのことをD・レビンソンは「30歳の危機」と称したが，大学を出て10年先とは，そのような将来である。自ら選択した「学校から職業への世界」は納得のいくものだったのか，適切だったのか，満足のいくものだったのか。そんなことを頭の中でめぐらせながら，これからのキャリアの足取りについて，あれこれ思案する。知らぬ間に，その先（人生ゴール）を視野にいれたキャリア設計をしていくことになるだろう。

　いまだ人生のゴールについては思案してもらっていない。つかみどころがなく，問われても答えられないとする人が多いと思われるためである。この，「X—5」がテーマにしているのは，キャリアの中間ゴールである。だが，キャリアゴール実現の過程で何をすべきか，どんな措置が必要かを考える，よい機会になるだろう。

(2) セルフチェック

【設問5】あなたは，10年後の自分の姿を，どのようなものと見通していますか。以下の中から2つまでを選び，該当する番号を下の

[Ⅱ] 学生の「キャリアデザイン力」を育てる　95

（　　　）に入れてください。

1. 最初に就職した職場で，それなりのポストにつき，まじめに仕事をしている
2. 家業を継ぐか自分で起業し，事業活動に精を出している
3. 専門職（医者，弁護士など）やスペシャリスト（カメラマン，デザイナーなど）として独立して仕事をしている
4. 新天地を求めて，海外で生活（留学，就職）している
5. 次へのステップをみすえて，自己の向上や能力開発につとめている
6. 家庭におさまり，家事や育児に精をだしている
7. 仕事や事業で大きな成果をあげ，社会的地位を確かなものにしている
8. 仕事がうまくいかず，将来に不安をいだいたままでいる
9. 仕事をもちながら，ボランティア活動や地域活動に従事している
10. 一度目，ないしは二度目の職場へ転職している

〈回答〉　　　（　　　）　　　（　　　）

＃．リストアップされた項目に該当するものが見当たらない場合は，以下に，自分のことばで書き込んでください。

　_____
　_____
　_____
　_____

(3) 人生中間地点での自己点検に役立つ

　大学を卒業してからの10年間というのは，どんな人生なのだろうか。その時点で去来する思いとは，どんな思いなのだろうか。

・右も左もわからないまま，苦しい毎日を過ごしてきたが，まだそこから抜けきらない。
・やっと仕事の手順をおぼえ，こなし方を習得した感じで，ほっとしている。
・何時の間にか時が経った。これからも，こんな感じでいくのだろうか。
・仕事も職場も納得がいかないまま，今日まで来てしまった。どうしたものか…。
・終始，上昇指向でやってきた。それなりに成果をあげてきたが，今後も頑張るぞ。
・途中でいちど転身したが，よい決断だった。これからも元気にやっていけそうだ。
・10年を区切りにサラリーマンを辞め，事業を興すつもりだ。

　大卒10年目が，人生のどんな段階なのか，どういった状態であるべきなのか。一言でいい表せるものではないだろうが，両親や世間の目からすると，自信をもって前向きで生きていこうとしている姿が望みだろうか。人生はまだ緒についたばかりであり，一人前の職業人といえるまでにはなっていないだろう。そこを自覚し，いっそう精進に努めてほしいということだろう。

　リストアップされた項目に即していえば，大人世代からすると，10年先の若者には，「次へのステップをみすえて，自己の向上や能

力開発につとめている」(5)を選択することが期待されるだろうか。そこからみえるのは，向上心をもち続け，知識と技術に磨きをかけようと，懸命に頑張るすがたである。

そして「仕事や事業で大きな成果をあげ，社会的地位を確かなものにしている」(7)が選択されたとなれば，キャリアビジョンが確立していたおかげだと評価するだろう。そこには，しっかりとキャリア創造に努めてきた若者の姿がクローズアップされる。

また「家業を継ぐか自分で起業し，事業活動に精を出している」(2)や，「スペシャリストや専門家として，独立して仕事をしている」(3)といった項目からは，人生行路を順調に歩んでいる姿が想起され，頑張って欲しいとエールを送りたくなるだろうか。

また，「最初に就職した職場で，それなりのポストにつき，まじめに仕事をしている」(1)と，「一度ないしは二度目の職場へ転職している」(10)を読み比べて，生き方における安定志向と冒険志向の違いに思いがいたる。

一方で，「仕事がうまくいかず，将来に不安をいだいたままでいる」(8)のであれば，人生はこれからだと激励したくなろうというものである。改めてしっかりとキャリアビジョンを掲げ，実践に向けて力強く歩んでいくべきだということになろう。人生は目標通りには進行しない，軌道修正はつきものだというメッセージも飛び出しかねない。

III 学生に「職業的世界」の現実理解を促す

——一人前の社会人となるために——

III—1. 職業がキャリアの骨格をつくる

大学が学生に対してキャリア形成支援を行うのは，学窓を巣立つ彼ら彼女らが，一人前の社会人に育って，力強く人生を生きていってほしいからである。

一人前の社会人となるためには，職業に就くことが最大の要件である。職業に就くことで，若者は，経済的にも精神的にも自立することができる。職業は人生を支え，人生を前進させてくれる。文字通りキャリアの礎である。

ただし，それなりの要件をみたしていない職業に就くことになると，早期離職につながる。どんな仕事でも，どんな勤務先でもよい。とにかく就職だ，というわけにはいかない。だからこその，キャリア形成支援である。

(1) 就職支援とキャリア支援との違い

学生は，卒業を契機に「学校から社会へ」，あるいは「学業から職業へ」と人生への旅立ちをする。このことに，大学は，これまで就職支援という観点から取り組んできた。

むろんのこと，就職支援だけが一人前の社会人を育てるための取

り組みではない。後に続く「Ⅳ」で触れるが, 教室での授業やゼミ, そして課外活動など大学でなされるすべての取り組みは, みな学生の人間形成や人材育成にかかわっている。ただしキャリア形成支援という視点は, これまで織り込まれてはいなかった。就職指導や就職支援にも, キャリア形成支援の観点は希薄であった。

しかしながら今, そして今後いっそう求められるのは, キャリア形成支援に組み込まれた就職支援である。就職支援が視野に入っていないキャリア形成支援は, 当然ながらありえない。めざすゴールは, キャリア形成支援策に支えられた「良い就職」である。キャリア形成支援は,「良い就職」と一言でいえるような形で終結してこそ, 効果をあげたと言える。

では, よい就職とは何か。手短にいえば,「人生を前進させてくれる職業」に就くこと。その要件は, 第一に自信をもってやっていける充実した仕事, 第二に誇りのもてる勤務先である。キャリア論にそくして若干のいいかえをすれば, 生き方と働き型が好循環すると思える形で, 社会への船出ができるということ。先に使った言い方にそうなら, どんな仕事でも, どんな勤務先でもよい。とにもかくにも就職だというスタンスとは, 自ら異なるということである。

これまでは, 就職指導だけが目的の学生支援であった。関連する教職員は, 資料や情報を収集するなど, 自らも学習することが必要であったろう。だが, その多くを, 外部資源に頼っていた。業界記者, 人材会社や就職支援会社, 企業の広報や人事の担当者, 経済界や実業界の要人, 企業等に勤務するOB, 教育インストラクターなどなどである。

担当部局として学生に教授すべき事項は、およそ次のような項目であっただろう。

1. 就職事情の概況　—近年の特徴など
2. 就職活動のもっていき方　—上手な求職者と下手な求職活動
3. 求人側が求職者側に期待すること
4. 業界研究　—とくに業界の比較研究が基本
5. 企業研究　—企業組織の特性、企業で働くことの意義、いくつかの職種研究
6. 自己確認（一般には自己理解という用語で一括されているもので、性格判定、適職診断、能力検査、興味・趣向検査などなど）
7. 新聞の読み方、会社四季報の使い方
8. SPI（synthetic personality inventory）
9. エントリーシートや履歴書などの書き方
10. プレゼンテーションの仕方

　こういった事柄と、このテキストの〈X講座〉や〈Y講座〉で展開されるテーマ群とでは、性格は大分違う。その違いに気づくことは、キャリア教育を効果的に推進できるかどうかの、第一関門である。就職支援とキャリア支援の違いを理解できないということは、キャリアセンターが設置された意義を、活動として展開できないということ。となると、期待される役割を果たすことは難しい。

　直前の［Ⅱ］では、「キャリアとキャリアデザイン」をテーマにしてきた。この［Ⅲ］では、「職業的世界のさまざまな現実」に目を向けてもらう。この2つのテーマをふまえることで、キャリア形

成支援と就職指導とは統合されることになる。

　学生は，学窓を巣立って社会に勇躍し，一人前の職業人として生きていく。どんな職業を，どう選んだらよいのか。職業構造は近年どう変わり，どう変わっていくのか。就職担当部局の教職員に対して，学生は，こういったことを必ずや尋ねることだろう。それに備えるための学習は，大学の教職員にとって是非とも必要である。

　また，就業すること，職業をもつことがどういうことなのか。雇用をめぐる企業の政策や制度はどう変わり，働く人に求められる資質や働き方はどんな実態にあるのか。そういった諸点についても，学生は情報提供を求め，その意味を尋ねてくるだろう。

　まず取り上げるのは，激変する就業環境である。キャリアガイダンスを適切かつ効果的に進めるうえでは，キャリア支援を必要としている社会的な背景について熟知していることが不可欠である。

　雇用をめぐる環境は大きく変化し，企業の雇用政策も大転換をとげ，必要とされる職業能力とその意味づけも進化してきている。一人前の職業人として生きていくうえでは，エンプロイアビリティ（就業可能力）を高めることが要請される。自らの市場価値は，どんなコアコンピテンスによって支えたらよいのか。

　さらには，多様な働き方についても目配りが必要である。就業や就職というと，企業に勤務し，会社員になることがごく普通の働き方になっている。でも，資格をとってフリーエージェントをめざすとか，起業するという選択肢がありうる。独立や自営ということになると，今すぐ選択肢に入ってこないにしても，将来展望としてはありうる。先行きの進路となると，複眼思考でいろいろなことを考

慮に入れたほうがよい。

(2) 社会変動と就業環境の変化
1. 職業構造の変動と人々の就業意識

IT化とグローバリゼーションの進行によって，新しい産業と職業が発生し，産業別の就業動向は近年大きく変化している。

国勢調査によると，1990年代前半に製造業の就業者は109万人減少したが，後半には引き続き123万人の減少となった。就業者の減少は，建設業（37万人減），卸売・小売業・飲食店（26万人減），金融・保険（20万人減）にも及んだが，成長業種として期待されたサービス業でも，前半は205万人増加したものの，後半は91万人の増加にとどまった。

職業構造の変動にみられる顕著な特徴としては，①ホワイトカラー化が進んだが，②中でも専門的・技術的職業従事者が増え，③あらゆる分野でサービス経済化に伴う職業が増大し，④就業者に占める女子比率が増加した，ことなどが指摘できる。

そのベースにあるのは，自営業主の減少と雇用者比率の増大である。チェーン展開する事業体に糾合され，あるいは傘下に入ることを通して，町から魚屋，八百屋，食堂，居酒屋，文房具屋などの小売店が姿を消した。

米国などでは，フリーランス，臨時社員，ミニ起業家などフリーエージェントが増加しているが（邦訳『フリーエージェント社会の到来』2001年），わが国でもその気配がうかがえる。職業分類で「その他」，あるいは「その他の関連職業」という項目に区別される職業の数が増し，それに呼応するかのごとく陸続とカタカナ職業が登

場してきている。

　IT 化とグローバリゼーションによる新しい産業や業種の誕生は，積極的な生き方を望む人々にとっては，人生の好機である。自分の可能性を試す機会となり，世界を股に活躍することもできる。しかしながら 1990 年代の日本では，景気後退が重なった。加えて，後述するように，企業の人事・雇用政策が大きな転換をとげた。一般的には，就業機会の削減という現実が人々に襲い掛かった。

　従来であれば，国民も社員も「施し」を待つというのが実態だったろうが，財源難のため，国にも企業にもその余裕がない。あるいは国民も社員も観念したのであろうか，置かれた困難な事態を，自らの努力で切り拓いていかざるをえないという空気が覆った。2000 年を迎えるころから，わが国でキャリア問題への関心が高まった背景には，こんな事情が絡んでいるだろう。

2. 転換する企業の雇用政策

　1990 年代に入って日本の企業は，成果中心の処遇方式，年俸賃金制，早期退職勧奨，中途転職支援，中途採用とパート社員の活用等の諸制度を導入し，終身雇用制を大転換してぶらさがり社員排除の方針を強力に打ち出している。企業が社員に向けて発するメッセージは，一貫して「自律と自立」の二字である。会社員の意識と行動は，そこから大きなインパクトを受けることになる。

　1998 年に日本労働研究機構が実施した「構造不況下の人事処遇と職業意識に関する調査」によると，若い層では過半数の人々が転職への意向をもっている。

また朝日新聞の世論調査（2001年12月実施）に,「定年まで同じところに勤める終身雇用制が一般的な世の中と, 転職することが一般的な世の中では, どちらが望ましいですか」という問いかけがある。結果は, 終身雇用制と回答したのが59％, 転職と回答したのが30％という割合である（残りはNA, DK）。いずれにしても一社勤務志向から転職肯定へのうごきは, 企業と社員の双方において, いま急速に進行しているといってよい。

社会経済生産性本部は, 例年, 企業の新入社員を対象に就業意識に関する調査を実施している。それによると「今の会社に一生勤めたい」との回答は, 1998年に14.2％まで下がっていたが, その後上昇しはじめ2006年の場合は, 29.2％と3割に迫った。新聞は, 終身雇用への回帰傾向がうかがえると報じているが, 就職状況の改善を背景とした甘えとわたしは受け取っている。企業の対応は, そう甘くはないだろう。

また近年は, 採用の仕方が変化し, どこの企業にとっても中途採用はもはや当たり前になり, また非正社員の割合が増えていることが指摘できる。2005年の労働政策・研修機構の調査によると, 就業者に占める正社員の比率は36.3％にすぎず, 非正社員の比率は23.9％に達する。

大企業を中心に早期退職優遇制度が広く普及するようになったことも, 企業雇用政策にみられる最近の大きな特色である。しかも, 従来はもっぱら定年直前の中高年社員を対象にしていたが, 近年は制度の適用開始年齢が急速に低年齢化している。

早期退職制度は, 企業のリストラ対策の一環として打ち出された

が，社員の転身や転職を支援するという意味合いを強く滲ませるものになってきている。これは，「ぶらさがり社会」は困りますという，企業側から社会へのメッセージである。退職という二字を使わず，ずばり転身支援制度（T社，Z社），転職支援制度（N社，S社）というように，転職や転身・転進を促進するための制度を導入している企業が増えてきている。

3. 働き方が多様化している

 キャリア形成支援の観点から職業や仕事をテーマにするにあたっては，「働き方の多様化」という社会的現実に目を向けることが不可欠である。人によってさまざまな生き方があり，一人の人が多彩な生き方を演出するのが現代社会の特徴である。

 社会がそれを求めているという点もさりながら，人々の姿勢という点に目を向けておく必要があるだろう。組織の拘束にしばられず，より自由な働き方や新しい生き方を求める人々が増えたということである。
 だが若者世代には，将来に向けて自分のキャリアを作っていくという人生課題が横たわっている。しっかりと職業的能力を身につけていくという課題を背負っている。人生これでやっていけると思える能力資源を，自分の中に植え込んでいくという過程を踏むことが要請される。働き方の選択にあたっては，その点が拠りどころになるはずである。やみくもに独立だ，起業だというわけにはいかない面がある。

(3) 職業的能力が人生を前進させる

 社会的ならびに経済的な基盤が大きく変化し、雇用をめぐる客観的な諸条件と諸状況が厳しさをます中で、キャリア形成やキャリア開発に向けて何をどうするか。個々人はむろんのこと、社会、学校、行政が取り組むべき事項や課題はまことに多い。

 しかしながら、その中核となる目的が、キャリアマインドの確立ならびに職業能力の向上にある点は明白である。キャリアの形成と開発にとって、志向（マインド）とアビリティ（能力）の二つは、基本的にして不可欠な要件である。

1. 確かなエンプロイアビリティを高める

 いまや日本社会にあっても、必要とされる職業能力をもっていないと、容易に雇用リストラの対象とされる時代になった。また転職をするといっても、相応の職業的能力が不足していれば、不本意な仕事につくしかない。それは起業や開業についても同様であり、相応の能力を身につけていないと、職業活動がうまくいくはずはない。このことは、若者層の間でも意識されるようになってきた。

 すでに1997年の調査において、「どんなキャリアをめざすか」という問いかけに対して、全体の36.4％は「会社にこだわらずスペシャリストになりたい」と回答している（富士ゼロックス総合教育研究所）。30歳未満では、その数値は50.8％に達している。

 例年多くの新入社員を対象に実施される社会経済生産性本部の調査によると、2001年の場合、93.1％は「どこでも通用する専門技能を身につけたい」と回答している。

 リクルート・ワークス研究所の「ワーキングパーソン調査2000」

（首都圏）によると，直近5年における転職者が現在の勤務先を選択した理由として，41.9％は「自分の能力や技術が活かせる」を，26.9％は「自分の能力や専門性を高められる」を選んでいる。

人は，長期にわたって職業活動に従事し，仕事をしていく。学生は，目先の就職に注力するだけではなく，長期的な視点にたって，自らの職業的能力のあり方を探ることが必要となる。しかしながら，そういったことへの関心は，必ずしも強くないのが現実である。

2. 専門的能力とコンピテンシー

将来に向けて就業能力を維持し，向上させていくには，自分なりの職業的能力を身につけていなくことが何よりも大事となる。

これまで職業能力として重視されたのは，テクニカル・スキルである。いうなれば仕事の専門性にかかわる能力であり，スペシャリティである。それぞれの職業に必要とされる固有能力という点にアクセントをおくと，コアコンピテンス（中核的職業能力）ととらえることができる。

このコアコンピテンスに，優れたコンセプチュアル・スキル（概念的能力）とヒューマンスキル（対人的能力）が加味され，付加された職業能力が，いうところのコンピテンシーであろう。一般的には「高い業績をあげる人の行動特性」を意味する。

従来は，仕事に関する優れた専門的能力をもって職業能力といい，これを身につけることの重要性が指摘されてきた。いうなればコアコンピテンス論である。それが近年は，コンピテンシーこそが優れた職業能力であり，これがエンプロイアビリティの中核である

といういい方になっている。

コンピテンシーとは,具体的にはどんな能力のことか。見解はさまざまであるが,コミュニケーション能力は,どの見解にもリストアップされている。ということは,仕事能力としてコミュニケーション能力は,必要不可欠だということになる。

また対人関係スキル,組織化とリーダシップの能力,人のマネジメント,チームワーク,社会的スキルといった,人々とどうかかわり,人々にどう影響力を行使し,人々をどのようにマネジメントしていくかに関する能力もまた,共通因子とみなされる。

さらに自己開発力や自己管理ということばから浮かび上がるのはセルフマネジメントの能力であり,問題解決の能力ともども,エンプロイアビリティの構成要素となっている。

したがってエンプロイアビリティというのは,人間としての基本的な能力が,仕事をするうえでどれほど高度に発揮されているかの度合いからくると理解される。ある企業の人事担当者は,エンプロイアビリティとは「仕事をしていくためのバックグラウンド」であり,個人で主体的に学び取る姿勢として位置づけている。

Ⅲ―2. 雇用と就業と職業

(1) 雇用の論議に職業の視点を

就職問題となると,学生にとっては,勤務先をどう確保するかが大きな課題になる。それは大学当局にしても同様であり,早めに内定をもらい,大学全体としての就職率を高めることに,大きな関心

が払われる。国や地方自治体のレベルでもそれは同じことであり，就業をめぐる問題は，雇用がもっぱらのテーマになっている。職業の視点や，職業論からのアプローチは希薄である。

　たとえば，会社をつくれ，起業家を育てよ，資格をとれ，手に職をつけよといった発言がよくきかれる。これらは，文字どおり職業の視点である。職業論からのアプローチである。したがって世情の論議に，職業論の視点がないわけではないが，論議の焦点は，雇うこと，雇われることにおかれている。

　だが大学生の就職問題は，雇用というキーワードからアプローチされるだけでよいのだろうか。就業や就職の問題は，雇用問題としてとらえるだけで十分なのだろうか。働くことの意味や働きがいといった，いわば就業の質に目を向ける必要はないのだろうか。人生をどう生きるかといった，生涯設計や生き方の問題は視野の外においたままで良いのだろうか，ということである。

　この点については，すでに「就職支援とキャリア支援との違い」をテーマにする中で問題にした。この問題は，何故いま大学におけるキャリア教育の重要性が指摘されているのかというテーマと深くかかわる。生涯を生きる，自分の力で充実して生きるという姿勢が裏づけになっていないと，就職はしてみても早期の離職につながる。納得のいく生き方など，およそ見通せない。

　就職活動に先立って，職業とは何か，職業と人生はどう繋がっているのか。こういったことへの認識があいまいでは，ぶざまな人生で終わってしまう。就職問題には，職業の視点からのアプローチが是非とも必要だということである。

(2) 職業的アイデンティティの確立をめざす

職業とは何か。この点に関する論議は演習に譲り,ここでは差し控える。問題は,多くの働く人々が,確固とした職業意識に支えられて仕事をし,働いているかという点である。日本人には職業意識が育っていないとよくいわれるが,確かにそうかも知れない。「職に就く」とは雇用されることを意味し,大学生の就職活動は会社訪問に終始する。

若いうちは,自分にあった職業がなかなか発見できないのも道理である。どんな職業に就いたらよいか,大いに迷うことだろう。自分探しという意味合いを含めて,どこか会社に勤めようと発想するのはそう不自然ではない。しかし就業が即就社になっている現実が広く一般化しているのは,あまり自然とはいえない。

経済的報酬の獲得という要素をふくめ,職業は本人の生き方の全体と深くかかわる。職業は人を成長させ,人に仕事をする楽しさや喜びを与えてくれる。人々との出会いや人々との協動を通じて,社会との繋がりを実感させ,社会人として一定の役割をはたしていることを体感させてくれる。職業が当事者にもたらす報酬(見返り)は,まことに多い。

それもこれも,基本は,よき仕事をするという行為を通してである。仕事をし,成果をあげることは,職業活動を構成する重要な要素である。その際,専門的な技量を必要とする仕事に就き,個性を発揮して独自の成果をあげると,それだけ職業性は高いとなるわけであるが,就業や就職の問題にはこういった視点からの考察も欠かせないだろう。

高度に専門性を必要とされる職業であっても、組織に雇用され、組織の中で、あるいは組織を通してなされるのが現代社会の特色である。そうなると、就業や就職にあたっては、どんな組織が勤務先として相応しいかというように、仕事や専門性とは別の観点が介在してくることになる。組織基盤はしっかりしているか、組織風土はどんな性格か、トップの力量や勤務条件はどうかといったことをみきわめることが必要になる。

　現状では、こういった組織診断のほうにウエイトがかかりすぎているようだ。結果として仕事の内容や専門性への関与が省みられなくなるという現実が発生する。日本において就業・就職問題が雇用問題としてとらえられがちなのには、こういった背景があると考えられる。

　人々の生き方や人生設計、そして日本社会における職業世界の今後を構想するとき、職業意識や職業アイデンティティの問題をしっかりと視野に収めておくことが要請される。いま日本人について心の揺らぎや自信の喪失がしばしば指摘されるが、こういったパーソナル・アイデンティティ（PI）の危機は、職業アイデンティティ（OI）の未確立に起因する面がありはしないか。新しい生き方が模索され、生き方の転換が求められる最中、あらためて職業と人生のかかわり方について論議することが必要だろう。

　また、日本社会はますます困難な問題をかかえることになるが、その解決には人々の職業能力の向上がいっそう求められるだろう。

(3) 職業の個別性への関心と興味

　現実の問題として、職業的能力が未熟では就業の機会を見出すこ

とは難しい。そのことは，学生の就職にしても中高年の転職にしても，多くの就業希望者が了解していることだろう。

旧労働省は，現下の雇用ミスマッチに対応するには職業能力の開発を推進していくことが重要であるとの認識に基づいて，2000年に「今後の職業能力開発政策の基本的方向性」と題する報告書を公にした。ポイントは，
(イ) 職業生涯にわたるキャリア形成という視点から推進されるべきであり，
(ロ) 自己啓発促進を基本にすえた取り組みが重要であり，そのことによって
(ハ) エンプロイアビリティ（就業能力）の向上をめざす
という3点。キーワードでいえば，キャリアと自己啓発とエンプロイアビリティである。

雇用ミスマッチというのは，社会や企業が必要としている職業能力が，社会的には育成されていない，供給されていないという現実をさす。求人はあっても，求職者が存在しないという性格の雇用ミスマッチがあり，大不況下でも未充足求人（未充足企業や未充足職種）が存在するということである。

こういった就業をめぐる現実への目配りは，就職を目前にした学生には欠かせない。社会の変動につれて，新しい産業が創出される。物の考え方やとらえ方や行動の仕方を含めて，新しいタイプの仕事人が必要となってくる。また日本社会が抱えている諸問題を凝視するとき，仕事はいくらでも必要とされるはずである。それを解決することが大きな社会的課題になっていく。

こういった点に注目すると，たとえば手厚い福祉や介護，医療や保健の充実，青少年の教育，環境保全，人権侵害や弱者暴力の排除，国際協力，バリアフリーのまちづくり，仕事と家庭の両立などを実現するのに膨大な労働を必要とすることになる。

求人案内に目を向けると，記載されているのは職種名であり，仕事の内容であり，仕事をこなせる技量である。求められているのは専門性であり，固有の職業性である。個別企業の求人案内にしても同様であり，最近は職種を細かく書き込んである場合が多い。

学生にしても大学にしても，こういった社会や企業の意向，その変化の動向をしっかり押えておくことが不可欠であろう。

Ⅲ—3. キャリア支援問題の表層と深層

(1) 錯綜する就業問題の現実

バブル経済がはじけたあと，わが国でも，西欧なみに就業機会の縮小が大きな社会問題として浮上した。企業が雇用の削減に走ったことが原因として大きかったから，新たな雇用創出をどうするか，それに呼応した新たな職業的能力の開発をどうするかが主要なテーマになっていった。大学生や高校生の就職率はどんどん低下しつつあったが，1990年代にあっては，就業問題の中心は中高年層の失業率をどう改善するかであった。

それが2000年を越えるころから，様相は一変しだす。若年者のキャリア形成問題が急速な勢いで社会的課題となってきた。端緒はまちがいもなく就業問題であり，低下しつづける大学生や高校生の就職率が背景である。

だがその要因が検討される中で，就職率が低いのは，単に就業の機会が狭まったという要因で語れることではない。若者世代のキャリア意識が未成熟であることが，規定（そして基底）要因として大きいという点がクローズアップされるようになっていった。

より具体的にいえば，若者層が仕事の意義をよく理解していない，働くことへの気構えが形成されていない，職業活動を通じてどう自分をつくっていこうとするかに関して展望をもっていない様子が浮き彫りになってきたということである。

もともとわが国では，キャリアということばは，一般の人にとっては馴染みが薄い。そもそも生き方や働き方を構想する，どんな生き方・働き方をしたらよいかを考えるといったことは，あまりしてきていない。そんなことを自分で設計するなんてことを必要としない現実が，長い間続いてきた。学校においても，キャリア教育とか職業学習なんてものは，視野のそとに置かれてきた。

多くの場合，学校を出たら会社に就職することに決まっていたから，家庭においても，子どもの将来をキャリアの視点からとらえるなどということは，まずなかった。必要なかったのである。大人自体が，人生におけるキャリア形成の意義について考えたことはなく，そのことの重要性なんてことに思いはおよんでいない。そんな状態が30年も続いてきたのだから，若者世代のキャリアマインドが希薄なのは当たり前である。

企業など雇用者側にしても，就業の間口を広げようと発想しても，キャリア意識のあまりない人だったら採用を手控えたくもなる。まさに悪循環であって，就職できない学卒者の数はいよいよ増

えるということになる。若者自身のキャリア形成が不十分なままでは，若年者の就業問題は一向に改善されないということに，日本の社会は気づくようになる。にわかに，キャリア論議が活発化しだすことになった。

　ひとこと差し挟むなら，キャリア形成への関心が高まったことについては，当然ながら個人側からの要因が介在する。1990年代に入って人々の雇用不安は大きく膨らんだが，社会経済生産性本部が例年新入社員を対象に実施している「働くことの意識調査」によると，2001年の場合，全体の32.6％は「いずれリストラされるのではないかと不安だ」と回答した。

　中高年世代にしても，日本型システムに大きな不安と不満が実感され，日本社会の将来に対して明るい展望をもてなくなった。国民の多くは，自らの生き方・働き方・暮らし方を新しい視点から見直さざるをえない局面に立たされた。人生の舵とりを，自分でしっかりとっていかないと，大きな荒波に飲み込まれてしまうと自覚しはじめたのである。

　つまり若者世代は自らのキャリア形成への真剣な取り組みが要請されていることを，また中年世代は，キャリア開発を視野に入れて自らのエンプロイアビリティを高める日常的な努力が不可避になったことを自覚するようになる。

　かくして，就業問題の解決は，キャリア意識の向上と強化という課題と交差するかたちでアプローチされる必要があると認識されるようになる。

(2) 若者のキャリア意識の実態

1990年代の半ば頃から，若者にとって就職は困難な人生課題になったが，2000年前後からは，就職できないことと，就職することがいやになったことがセット化してしまった。会社訪問を幾度となく繰り返しても採用通知が一向にこないとなれば，いっそ就職なんて止めようという気持ちにもなろうというものである。いずれとも新しいことばであるが，学卒無業者やフリーターが急増しはじめる。

その背景や要因となると，これには諸説がある。他にもとらえ方はあるだろうが，取り急ぎ，3つを区分しておこう。

(イ) 1つには，若者自身の自覚不足と無気力さが要因だというとらえ方がある。

(ロ) 2つには，若者をそうさせてしまった大人と社会に問題があるというとらえ方がある。

(ハ) 3つには，学校制度とそれに準拠した教員や学校の取り組みが要因だというとらえ方がある。

この3つを総合すると，「職業進路の模索，初期キャリア形成の機会の乏しさなどが，自己理解と職業的自律への動機づけを失わせ」たという認識が成立するだろう。「初期キャリア形成の機会の乏しさ」を主因としているわけであるが，淵源を辿れば，日本社会の中にキャリア形成に関する概念も，キャリア形成を重視する意識も，それを推進する施策も制度もなかったことを含意している。

片方で，早い年齢段階から自分の将来を覗きみし，キャリア形成に向けた取り組みを始めた人々がいる。芸術家，スポーツ選手，作

家，シェフ，デザイナー，科学者に限らず，多くの分野にそういう事例がある。したがって学卒無業やフリーターを嘆く若者の場合，自身に自覚不足と無気力があっただろうことは，十分に推察できることである。

ここで「職業的自律への動機づけ」ができているとは，自分の力でしっかり働き，しっかり生きていこうという心性が強固であるということ。キャリア論にそくしていえば，「キャリア志向性」が強いということになる。

キャリア志向の強い学生や生徒は，在学中から職業学習に対して熱心な取り組み方をすると推測される。たとえば，①学校の授業や就職セミナーなどで職業について学習する，②学校での就職セミナーやガイダンスに参加する，③職業適性の検査を受けるなどして自己分析をするだろう。わたし自身がかかわった実態調査の結果によると，多くの場合，こういったことに YES と回答した人の割合は，3割ぐらいにとどまっている。

先にも「青少年の社会的自立に関する意識調査」からのデータ引用として，青少年の働くことや仕事意識が希薄な実態を紹介した（Ⅱ—3—(1)）。同じ調査報告書に，とても考えさせられる関連データがある。自分の父親や母親の人生が，どれほど「生きがいのあるものだ」と感じているかをテーマにしたものである。

調査データによると，「生きがいのあるものだ」と感じている青少年は16％前後である。つまり，6人に1人にとどまっている。子どもたちの職業観は，親の背中をみる中から形成されているらしいことを示唆している。大人たちの就労実態が改善されることなし

には，青少年の働くことへの意識は啓発されにくそうである。

(3) 背景にある厄介な問題
　　―臨床心理学からのアプローチ，社会階層論からの視点―

　現代の若者層にみられるキャリア志向性の低さは，本人自身の自覚不足と無気力さが大きな要因であることは間違いない。だがニートの存在がクローズアップされ，問題の解明や対策の立案を視野に入れると，ことをそう単純化して済ませるわけにはいかなくなってきた。要因をどうとらえるかに関して，先に区分した3つとは角度を異にした言説が注目されるようになったからである。

　その一つは，若者の内面は，今日きわめて複雑化しているという点を浮き彫りにする論説が存在すること。もう一つは，機会の不平等化ないしは二極化が進行しているという，日本社会の構造問題が大きな要因だとする論説である。

　まず前者についていえば，就職とかキャリア形成という概念になじまない，いわば人間存在それ自体を問題にしなければならない局面がありそうだということである。

　ひきこもりやリストカット，あるいは対人恐怖症や自分不信というのがベースにあってのニートであり，フリーターであるということになると，社会と自分をよくみつめ，しっかり働いて力強く生きなさいなどと励まして済む問題ではない。そもそも自分と対話し，自分を知ることが怖いのであって，「就職がこわい」以前のことである（香山リカ，2004年）。臨床心理学を修めた，専門的なカウンセラーの関与なしには前進できないのではなかろうか。

ついで後者の論点は，階層構造の存在という社会体制がニートを産み落としていることを説く。もともとニートは，英国社会における社会現象から端を発している。階級社会としての様相をもつので，よい大学に進学するものや，よい職業に就いてよい会社に入社するのは，社会的地位の高い階層出身者に割り当てられているという現実があることは否めない。いうなれば進学や就職にさいして，出自が大きく影響するということである。

　実はわが国についても，同様の現象は存在する。よい大学をでている若者はよい会社に就職できるが，われわれのように偏差値が低い大学しか出ていないと，希望する会社になぞ就職できるわけがない。学生によっては，早くからそう心に決めてしまう。それで納得していればよいが，そうでないと，ひきこもりになってしまう。山田昌弘教授は『希望格差社会』を書いてその実態を分析してみせたが，副題は「"負け組"の絶望感が日本を引き裂く」となっている（2005 年）。

　大学の就職支援やキャリア形成支援に携わる教職員としては，とても厄介で面倒な問題には違いない。しかしながら，背景情報として学習しておくことは必要である。

演習：〈Y講座〉キャリア形成と職業選択

—めざすキャリア形成に向けて，どんな職業をどう選ぶか—

　若者世代にいま強く要請されているのは，将来に向けて，キャリアの基盤をしっかり作り上げていくこと。充実した，納得のいく人生を歩むために，キャリア形成に向けて日々研鑽をつむことが不可欠だ，ということである。

　ではそのことに向けて，いったい何をすればよいだろうか。

　まず，知識や技術を身につけること。これが，人生の基盤づくりにとって不可欠であろう。考え方やマナーなども含めて，わたしたちは，幼い頃から，いろいろな学習をつみかさねてきた。キャリア形成を怠ると，浮き草の人生を送ることになる。それを望まないなら，われわれは，絶やすことなく学習を継続していかなければならない。それが「生涯学習」というものである。

　経済的な備えは，当然のことながら不可欠である。生活の糧といういい方もあろうが，飢えることがなければ，雨露をしのげればそれでよいというわけではない。書物を読み，音楽を聞き，お芝居や演劇を観賞し，スポーツをし，旅行をする。そう，海外にも行ってみたいものである。豊かな生き方をしようとなれば，収入や蓄えは不可欠である。

　そして，人々との交流や人々からの支援もまた不可欠である。友人や知人はいうにおよばず，情報を提供してくれる人，知恵をさずけてくれる先輩やいろいろな先生方など，人的ネットワークも大事

である。わたしたちは，こういった多くの支援者（サポーター）によって支えられている。

いまあげた知識，金銭，人々は，いわば「人生資源」である。わたしたちは，こういった人生資源を，職業活動に従事することによって手にすることができる。わたしたちの能力を開発させてくれ，人々から感謝をされ，一人前の社会人として周囲からみとめられるなど，精神的な満足感まで与えてくれる。

その意味で，職業はキャリア形成の礎（いしづえ）である。職業は，人生という漠然としていて曖昧なものに，形を与えてくれる。キャリアをしっかり築きあげるうえでは，職業生活を充実させることが不可欠である。

ところが職業とは何かに関して，若者だけではなく大人もまた，これまでしっかり学習してきていない。自分がどんな職業観をもち，職業をどんなものと認識しているかについても，曖昧にしたままである。職業の概念は，ここ30年間にわたって忘れられた存在であった。やむをえないといえば，確かにやむをえない。

このさい，根本に立ち返って，職業について勉強してみていただきたい。

〈**付記**〉演習〈Y講座〉の問題意識は，人生と職業との深い結びつきである。キャリア論にそくしていえば，職業がキャリア発展を支え，前進させるということです。

となると，どんな職業をどう選ぶかは，大学生にとって重要な課題となる。職業とは何かを，しっかり学習することが必要となる。ということは，学生支援キャリアメンターとしての役割をとる教職

員にとってとっても大事なこと。

　大学生の場合は，自己のキャリア形成や就職をどうするかという観点でチェックシートに臨みます。教職員は，そのことを学生に求め，また指導します。

　その一方で教職員は，職業について，学生がどんな考え方を持っているかを洞察しつつ，チェックシートと対話をする。わたしはこうチェックするけれど，学生たちはどうチェックするだろうか，と思い諮る。その過程が，そのままずばり学習である。

　この教材は，こういった性格の「キャリア学習教材」です。

Y−1. キャリアデザインに何を織り込むか

―役割人，人格人，生活人―

(1) キャリア形成と職業選択

自分の将来について見通しを立てる。ライフデザインを描くとは，簡単にいえば，こういうことだろうか。では自分の将来像って何だろうか。人によってさまざまだろうが，ある人にとって，それはめざす人物像のことだろう。こんな人間になりたいという点からの発想である。

別の人は，ライフスタイルに焦点をあてるだろうか。年に一度は海外旅行をする，音楽のある日常が好ましいというように，望ましい生活様式や暮らし方に焦点が当てられる。

そしてもう一つ，生き方を働き方と連動させ，人生において果たすべき役割や仕事という面からアプローチする人がいるだろう。

人物像と生活様式と役割というこの３つのうち，どれを重視するか。その選択の仕方の中に，実はその人の，生き方の基本的性格が表現される。

キャリアというのは，生き方と働き方をセットでとらえた人生行路のこと。簡略化していえば，働き様・生き様ということになる。

青少年の場合，人生とは，まだこれからの出来事。人生問題といえば，どう創って行くかが中心的な課題。どんな人間になるか，どのような職業に就くか，どういった暮らしぶりをめざすか。こうい

った生き方の全体像を，模索している段階である。つまり自分の将来を見通し，どう自分をつくっていくかの作業は，まだまだ緒についたばかりであり，手探り状態にある。

それでも大学生ともなると，生き方や働き方に関する気持ち，志，考え方はそろそろ固まってきつつあるはず。いや，そうなっていないと，その人の将来が危ぶまれる。もっとも，当然のことではあるが，成長するにつれて変化するだろうが。

翻って，大学生に向かって「将来どうするの」と問い掛けるのは，「将来，何になるの」と問い掛けるのとほぼ同じこと。そして「何になるの」と問い掛けることは，「どんな職業に就くつもりか」と尋ねるのとほぼ同じことではないだろうか。小中学生に対する場合とは，必ずしも同じではないだろう。

職業は，いわば人生の舵取り役である。つまり選職がうまくいくと，人は人生行路を順調に歩める。逆に選職がうまくいかないと，たとえば自分が必ずしも望まなかった，いわば不本意就業を強いられるとなると，将来への展望は開きにくい。したがって職業の選択とは，人生を，どんな職業によってどんな舵取りをさせるかを決めることだと理解される。

大学生は，自らのキャリア形成に向けて，どんな形で職業に人生の舵取りをさせるかを決める局面に立っているわけである。

(2) チェックセルフ
【設問5】あなたが将来に向けてめざしているのは，次のどれですか。以下のような6つの選択肢から，順位をつけて3つを選び，下

[Ⅲ] 学生に「職業的世界」の現実理解を促す　125

の（　）に書き入れてください。

1. 一人前の仕事人，実力をそなえた専門家になる

2. 多くの人から親しまれ，信頼される人間になる

3. 考え方をしっかりもって，ぐらつかない生き方をする

4. 出世して，金持ちになる

5. 安定した家庭を築いて円満な生活を送る

6. 物事にとらわれず，好きなことをやって暮らす

〈回答〉　　　　1位　　　　2位　　　　3位
　　　　　　（　　）　　（　　）　　（　　）

〈#〉リストアップされた中に，あなたにとってピッタリなものがない場合は，以下に自分のことばで書き留めてください。

_____

_____

_____

〈付記1〉6つの中から，順をつけて3つを選択するというやり方のほか，次のような方式を採用するのもよいだろう。

① 1つを選ぶという選択強制は，困難性が伴うとはいえ，その分，生き方の方向が明確になる。
② 6つ全部について，「重視するものから順位をつける」というやり方である。

〈付記 2〉 選択肢の項目設計に当たっては，尾嶋史章編著『現代高校生の計量社会学』を参考にさせていただいた。

3) 何をやるか，どんな生活をするか，どういう人になるか

 人生は，仕事をエンジンにして前進する。仕事とは，何らかの「事に仕える」ことであり，ある事に「心身のエネルギーを注入する」ことである。一言でいえば，ある目的の達成に向けて，「活動」することであり，「働く」ことである。

 現役世代の人々にとって，仕事とは，職業をさす場合が多い。職業労働に従事し，必要とされる目的に向けて働き，活動し，役割を果たす。専業主婦の場合は，職業に就くことはないが，家事，育児や介護，地域活動などが主要な仕事である。

 在学中の若者世代は，勉学が仕事であり，活動である。もっと年齢が下る幼児たちは，遊びが仕事である。ある年齢（たとえば定年）を越えると，もっぱらリクリエーションやボランティアが仕事となり，それが活動の対象となる。

 学習は，子どもであれ高齢者であれ，生涯を通して取り組む仕事である。学習し続けることなしに，われわれは，働くことも，生活することもできない。生涯学習を抜きにして，人は生きることができない。

繰り返しになるが，仕事をし，活動をすることで人生は廻わっている。何もしないでいると，気力も体力も衰えてしまい，死んだ人生になってしまう。キャリア論は，生きることや人生というものを，このようなものとしてとらえる。わたしはキャリアを，「仕事を通じて築かれる人生行路」として説明している。

就学中の青少年にとっては，一人前の社会人になることが，将来的な基本課題である。一人前の社会人と自他共に認められるためには，よき職業人になることが不可欠である。その意味において，「一人前の仕事人をめざす」(1) ことは，キャリア形成への第一ステップとなるはずである。

さて設問の6つは，キーワードでいえば，1から順に，「仕事」（ないしは専門性），「人格」（ないしは人間性），「精神性」（ないしは確固たる生き方），「出世」（ないしは経済的豊かさ），「家庭」（ないしは日々の暮らし方），「自由人」（ないしは自由な生き方）となる。これらのうちのどれが，生き方の基本的方向として選ばれることになるか。

あえて人物像で代表させてみると，6つの項目は，1から順に，「仕事人」「人格人」「精神人」「経済人」「家庭人」「自由人」ということになろうか。

ここで人格人とは，「人から親しまれ，尊敬される人間になりたい」というメッセージを抽象したもの。周囲との協調と調和と信頼を大事にした生き方，人間形成を中心にした生き方，高邁な人間性を念頭においた生き方をさしている。

また精神人とは，「考え方をしっかりもった，ぐらつかない人間」

のことである。世の中の荒波に押し流されたくない，右顧左眄するいいかげん人間はごめんだ，大地にしっかりと足をおろした人になりたいといった気持ちの表明と受け止めたい。

そして家庭人とは，家庭を大事にし，幸せな日々と愛情に重きをおいた暮らし方，誠実で穏やかな生き方を暗示させるメッセージである。

その進化しつつある概念にしたがえば，キャリアとは，仕事によって築かれる人生航路（行路）である。この点は，折にふれて解説してきた。キャリアということばに含まれる意味についても，いくつかの箇所で解説してきた。

要するに，キャリアの形成や開発は，人々の職業観や仕事意識に規定される面が強い。つまりキャリアということばからイメージされるのは，自らの生き方の中に，仕事や職業の要素が確固たる楔として打ち込まれている生き様である。6つの選択肢の中で，そういった生き様を連想させる項目は「1」である。

そのメッセージとは，「一人前の仕事人，実力をそなえた専門家になる」というもの。これは，キャリア形成やキャリア開発を強く意識した生き方である。しっかり仕事をし，職業活動を充実させることで人生を切り開き，前進させるというキャリアマインドを，強烈に打ち出している。

その意味からして，この「1」のメッセージを選択した人の場合は，あくまでも相対的ではあるが，キャリア意識が明確化しており，キャリアマインド（キャリア志向）が確立していると理解することができる。

選択肢のうち，家庭や精神や人格を大切にする生き方は，人間として立派である点は明白である。人が生きるうえでの，ベースとなる人生指針といってもよい。

　だが大学生が直面している人生課題という点からすると，これらが優先的に選ばれるべきものであるか否かについては，若干懸念される面がある。一人前の社会人として世の中に出て行く若者世代は，何をエンジンにして生きていくかを真剣に思案する局面にある。「優しくなければ生きる資格はない」のだが，「強くなければ生きていけない」という観点が，背後に押しやられていやしないだろうか。

　仮に「1」を素通りして他の選択肢に目を向けてしまったとすると，キャリア創造への意思と意志が，必ずしも強固ではないということになる。キャリアマインドが希薄であり，未確立だということになるかも知れない。

　冒頭に述べたことであるが，将来を視野に入れて描くライフデザインには，人物像と生活様式と役割というこの3つの要素が織り込まれることになる。「2」と「3」が人格・人物，「5」と「6」が生活様式，「1」と「4」とが役割・仕事に該当する。人物像と生活様式と役割というこの3つのうち，どれを選択するか。その選択の仕方の中に，実はその人の，生き方に関する基本的性格が表現されることになる。

Y—2. 職業彩々，仕事いろいろ

—世の中で必要とされている多彩な仕事群—

(1) もっと職業について調べよう

1990年代の後半以降，就業難を目の当たりにし，現に就職難を体験することを通して，大学生も職業への関心を深めるようになってきている。職業について勉強したり，資格取得をめざして専門学校に通ったり，通信教育を受けたりする学生が増える傾向にある。

私大連盟の調査によると，3割近い学生がダブルスクール派だという。厳しい就職戦線は，学生の職業意識を高める作用をしているとみられる。

ところが一方で，職業意識がきわめて希薄な若者も多い。あるNPOが主催した集会で，父親を含め，身近にいた社会人がサラリーマンばかりだったせいか，サラリーマン以外の仕事のイメージが具体的にわいてこないという発言があったという。

一口にビジネスマンといっても，仕事の内容はいろいろ，働きかたは多彩なはずであるが，その様子は外部へビビッドには伝わってこない。若者が情報不足に陥っている責めは，企業にも大学にもあるだろうが，当人にしても，世の中にどれだけの数の職業があるかは，街を歩いて見聞を広め，書物や雑誌を通して人々の多様な生き様を知らされれば，容易に気づくことである。まことにさびしい発言である。

資格取得やキャリアアップのための学校，教室，講座に関する新聞広告は，いま大量に発信されている。学生，OL，ビジネスマンを対象にしたもので，「講座ガイダンス＆体験レッスン」無料実施中といった案内に目をとめると，たくさんの職業名に出くわす。

　たとえば日本語教師，通訳，司法書士，中小企業診断士，気象予報師，建築士，通関士，社会保険労務士，電気工事士，カウンセラー，保育士，ホームヘルパー，介護福祉士，映像ジャーナリスト，カラーコーディネーターといった具合である。

　また新聞に載る求人案内として，最近は転職紹介や派遣会社の広告が目立つが，ある転職斡旋会社の求人案内にリストアップされているのは，コンプライアンス，RM，投信セール，セールス（株，債権），企画・セールス（貿易金融商品），クレジットアナリスト，アクチュアリ・商品開発（損保），セトルメント（株式，債権）といったように，きわめて具体的である。

　世の中に存在する職業，職種，仕事がいかに多いか，それがどんなものなのかは，自らして知ることができようというものである。だが学生に「興味と関心のある職業は何か」と尋ねても，レスポンスがない，あるいは遅い。世の中に存在する職業や職種について，関心が薄いのである。4年生にしてからが，返ってくるのは業界の名前ばかりである。

(2) **セルフチェック**
【設問7】　別紙の「職業区分と職業名」を扱った一覧表に，たくさんの多様な職業名が書き込まれています。この中から，

(1) その職業特性を詳しく知ってみたいと思うものを，重点的に3つ選んでください。

またなぜ選びだしたのか。理由なり背景を下線上に書き込んでください。

① (　　　　　　　　　)

_____
_____
_____

② (　　　　　　　　　)

_____
_____
_____

③ (　　　　　　　　　)

_____
_____
_____

(2) 今すぐか，将来的にかは別として，就いてみたい職業を重点的に3つ選んでください。

① _____

② _____

③ _____

(別紙)

職業区分と職業名

　世の中にある職業を知るには，職業分類をめくってみるとよい。数ある職業を，その特性にそくして分類したものが職業分類であるが，日本標準職業分類はその頂点にたっている。①必要とされる知識や技術の程度，②供給される物やサービス，③使用する道具や設備，④果たす機能などが分類準備になっている。

　でも産業区分に準拠し，製造業の職種に相当するものが多いなど，必ずしも使い勝手がいいとはいえない。その点国勢調査に登場する社会経済分類は，生活行動の経済的・社会的な現実を反映しているが，数が少ない。

　ここでは，旧来型の職業分類と趣きを異にする職業区分にしたがって，多様な職業名をリストアップしておく。〈A〉は鎌田慧『日本人の仕事』（平凡社，1986年）からの引用ですが，職業名の幾つかについて変更したものがあります。〈B〉は脇坂敦史さんが作成したものです（梅澤正・脇坂敦史『「働く」を考える』ぺりかん社，2003年）。

〈A〉
命を預かる（助産婦，戸籍係，保育士，保健婦，心臓外科），
海に生きる（漁業，サンゴ採取業，ダイバー），
耕す（酪農経営，農業），
鉄をつくる（製鉄工，起重機工），
車をつくる（自動車モデラー，自動車下請工，自動車組立工），
船をつくる（ドッグクレーン工，造船設計技師，ドッグ搭載工），

下町に生きる（自転車屋，時計屋，弁当屋，大衆食堂，やき鳥屋），
治す（リハビリテーション看護師，精神科医，ケースワーカー），
掘る（炭鉱夫，石工），
腕をふるう（製本工，メッキ工，溶接工，鉄筋屋），
海を渡る（甲板長，連絡船ボーイ，操縦長），
結ぶ（スチュワーデス，パイロット，郵便配達），
運ぶ（トラック運転手，地下鉄運転士，ＪＲ運転士），
身を削る（システムエンジニア，火力発電所，NTT路線技術職），
賭ける（商社マン，不動産屋，生命保険セールスレディー），
支える（警備員，図書館司書，労組書記，生協理事），
育てる（中学教師，塾講師，幼児の進学塾，玩具小売商），
食べる（豆腐屋，民宿経営，料理講師，コック），
娯しませる（女優，女子プロレス，バンドマン，モデル），
渡す（鼓演奏家，長唄三味線方，地唄師匠），
与える（ポン引き，ホテル経営，ホステス，料理屋の仲居），
売る（デパート店員，レストラン経営，営業マン），
手を貸す（便利屋，添乗員，調律師，家事代行業），
拵える（西陣職人，ちょうちん屋，能面師，人形づくり），
粧おう（ジャズダンス・インストラクター，カットサロン），
見せる（テレビディレクター，広告プロデューサー，画廊店主），
伝える（アナウンサー，フリーライター，テープ起こし，新聞記者），
頑張る（プレス業，中古衣料品業，土木建築業，プラスチック製品製造業），
癒す（薬剤師，鍼灸師，歯科医，音楽療法士），

裁く（刑務官，判事，公証役場書記，検事），

送る（葬儀屋，住職）

〈B〉

国民・住民のための仕事；国家公務員，地方公務員，政治家，警察官，消防官，自衛官，外交官，国際公務員，青年海外協力隊員

教える・研究する仕事；保育士，幼稚園教師，小学校教師，司書・司書教諭，学芸員，学術研究者（人文・社会科学系），宗教家

人の健康・福祉を支える仕事；医師，歯科医師，薬剤師，看護師，保健師，助産師，擁護教諭，理学療法士，作業療法士，臨床検査技師・診療放射線技師・臨床工学技士，言語聴覚士，視能訓練士，義肢装具士，歯科衛生士，歯科技工士，東洋医療技術者，栄養士・管理栄養士，臨床心理士，社会福祉士，介護福祉士

資格・ビジネスの仕事；弁護士，検察官，裁判官，公認会計士，税理士，司法書士，行政書士，弁理士，不動産鑑定士，宅地建物取引主任者，中小企業診断士，社会保険労務士，通関士，商社マン，秘書，通訳

運輸・旅行の仕事；パイロット，スチュワーデス・スチュワード，鉄道マン，船長，ツアコンダクター，旅行作業取扱主任者，通訳ガイド

技術を発揮する仕事；サイエンティスト，エンジニア，インダストリアルデザイナー，コンピューター技術者，宇宙飛行士，自動車整備工，建築技術者

食・サービスの仕事；料理人，ケーキ屋さん・パン屋さん，ソムリエ，バーテンダー，カフェ・喫茶店オーナー，フードコーディネ

ーター，インテリアコーディネーター

動物・自然と接する仕事；獣医師，動物看護士，トリマー，動物訓練士，動物飼育係，イルカの調教師，花屋さん，グリーンコーディネーター，自然保護レンジャー，環境スペシャリスト，農業者，漁師

アート・デザインの仕事；美術家，陶芸家・工芸家，グラフィックデザイナー，CGクリエーター，マルチメディアクリエーター，美容師・理容師，スタイリスト，モデル

マスコミの仕事；アナウンサー，ジャーナリスト，映像技術者，小説家，翻訳家，マンガ家，イラストレーター，編集者，印刷技術者，広告マン，イベントプロデューサー

エンターテインメント・スポーツ；映画監督，シナリオライター，俳優，アニメクリエーター，声優，音楽家，伝統芸能家，落語家，お笑いタレント，ダンサー，棋士，力士，ジョッキー，プロゴルファー，プロ野球選手，プロサッカー選手，スポーツインストラクター

(3) 世の中には，ごまんと職業がある

いま数多く存在する就職塾，そして大学の就職部などは，学生に対して「何をやりたいか」をはっきりさせなさい，と指導する。その過程で性格テスト，職業興味検査，適職診断といったアセスメントを実施し，どんな職業が「自分に向いているか」を浮き彫りにさせるというやり方がセットされる。

選職にあたっては，「何をやりたいか」「どんな職業が向いているか」を確認することは，当事者にとって不可欠な作業である。やり

たい職業，向いている職業に就くことは，確かに大切なことであるに違いない。

しかしながら，それは，世の中にどんな職業があり，それぞれの職業がどんなものなのかを知ったうえのことであろう。変化の激しい時代だから，自分で新しく職業を造りだすことがあってもよいが，現存するさまざまな職業について，いろいろな角度から研究しておく必要がある。たとえば仕事の性格と内容，関与する社会関係や人間関係，就業規程や労働条件や職場環境などは，理解しておくべき最小限のことがらである。

もっといえば，その職業をベースにどのような人生が営まれ，日々のライフスタイルがどんなものかを知っておくことも重要である。こういったことの全部を，わたしは「職業的生き様」と名づけているが，実はこれを主題にした書物はたくさん刊行されている。その頂点に立つのは，ターケルの著作『WORKING』（邦訳『仕事』，1972年）であろう。

ターケルの『仕事』には120もの職業が登場するが，それに従事する人々の生き様もまた多彩にして多様である。職業がどのように生き様とかかわり，その人生にどう影響を与えているのかが，ビビッドに描かれている。「職業は人生というドラマの舞台である」と述べた人がいたが，そこには職業にかかわる諸条件が人々のライフスタイルや生き方とどう関係するかが描かれ，人生論と職業論が合体されている。

ターケルの翻訳刊行に刺激されて，鎌田慧は『日本人の仕事』の

刊行を企画した。テレビ番組の制作者，フリージャーナリスト，新聞社社外編集委員，ミニコミ情報誌の編集者，週刊誌記者たちが，テープレコーダーをもち歩いて取材をし，1986年に出版された。この後も，市井の人々の「職業的生き様」を主題にしたドキュメントはたくさん出版されている。職業選択を前にした大学生にとって，これらは貴重な文献である。それらのあれこれを，ぱらぱらとでもよいから，是非ともめくってほしい。

Y—3. 必要とされる職業的能力

—就職コンピテンシーとは—

(1) 職業的能力の不足と陳腐化

就職はしたものの、1年とか2年、いやもっと短い期間で辞めてしまう。そういった若者の多いのが現実である。なぜそうなるのか。基本的には、本人と、仕事ならびに勤務先との相性が悪いからであろう。だが、それだけのことであろうか。

当の本人に研究不足な点があっただろうことは、当然に予想される。仕事の内容、役割、責任がどんなものかにまでは、立ち入って調べなかった。給料や勤務体制などの処遇条件については関心をもっても、要請される能力や経験や資格となると、表面的なことしか調べなかった。こういったことが、災いのもとになっているかも知れない。

大学としては、こういった選職ミスマッチが起こらないよう、学生に対する指導は万全でなければならない。時代は変わり、社会が変化しているにもかかわらず、働くことに対する意識や職業的な能力が磨きこまれていないということからくるミスマッチ。この点に関する指導こそは、大学の責任である。

ITの進行やグローバリゼーションによって、産業構造や技術体系は激変した。人々の価値観やライフスタイルも変化した。したが

って，社会の需要構造や市場動向も様変わり。衰退する職業がある反面，必要とされる職業がでてきて，働き方も変化を余儀なくされる。必要な職業的能力は，従来と同じではない。

ところが，それに対応した教育や訓練がなされないままに，相当な年月が浪費された。そのことが，バブル経済がはじけて明白になった。就職率は景気や雇用需要の大小に影響されるが，それ以上に，必要とされる職業的能力が供給されないという要因がある。

自分の職業的能力を，視野にいれていない。自分はどんな種類と性格の職業能力を，どの程度もっているか。この点への自覚を欠いたまま就職戦線に臨む。これでは，誰一人として就職に成功しない。職業的能力が不足していれば，不本意な仕事につくしかない。起業や開業となれば，もっと難しいことだろう。いずれにしても相応の能力を欠くと，職業活動がうまくいくはずはない。

困るのは，いわれたことを，いわれたようにやることが仕事だというとらえ方をしている学生の場合である。そういった人には，組織も社会も，大事な仕事，難しい課題などは与えない。そうすると，就職してからも仕事能力を高めること，関連する能力を身につけることができない。つまりは，生涯にわたって，職業人としての誇りをもつことができない。誇りのもてる人生を送るには，職業的能力の習得と開発が，不断に要請される。

(2) セルフチェック

【設問8】あなたは以下のような項目について，どのくらい自信がありますか。それぞれ以下の中から1つを選び，（　　　）の中に点数を書き入れてください。

イ．かなり自信がある＝「＋2」点

ロ．どちらともいえない，わからない＝「0」点

ハ．あまり自信がない＝「－2」点

1. 人と上手にコミュニケーションをとって仕事をする（　　　）
2. 周囲の人から，厚い信頼を獲得する（　　　）
3. 多くの人々と交流し，よい人間関係をきづく（　　　）
4. チームや組織をとりまとめ，リーダーシップを発揮する（　　　）
5. 関連する情報を集め，上手に問題を解決する（　　　）
6. 時間を効率的に使い，計画的に仕事をする（　　　）
7. 調査と研究を怠らず，仕事に工夫をこらす（　　　）
8. 幅広い関心を持って，知識の習得に努めする（　　　）
9. 未来をみすえて，自己啓発を継続する（　　　）
10. 変化に対応して，柔軟に行動する（　　　）

〈計算〉10項目の全部に「＋2」点を入れれば20点，10項目の全部に「－2」点を入れれば－20点となります。最大＋20から最低－20点という幅の中で，あなたの得点は何点でしたか？ 10項の全部についてプラス／マイナスの計算をし，合計点を計算してください。

　　　あなたの得点・・・（　　　）点

(3) 必要とされる多様な能力群

　リストアップされた10項は，ある企業が，入社教育において新

人社員に要請した，今後身につけてほしい能力項目です。最初の4つ（1―4）は，対人関係的ないし社会的な能力とみなされます。次の3つ（5―7）は仕事能力，最後の3つ（8―10）は行動指針という形をとった態度能力です。自己啓発の重要性を強調しているかと思われます。

ところで厚生労働省は，2003年に「若者の就職能力に関する実態調査」を実施しましたが，企業が採用時に重視すると思われる能力として，次のような10項目をノミネートしました。①コミュニケーション能力，②基礎学力，③責任感，④積極性・外向性，⑤行動力・実行力，⑥ビジネスマナー，⑦向上心，⑧プレゼンテーション能力，⑨職業意識・勤労観，⑩環境適応力・柔軟性がそれです。重なる部分が，けっこうありそうです。

あくまでも若者を視野にいれ，企業が採用にあたって重視するものという観点からのものであり，職業遂行能力の全体像を表しているわけでありません。職業の遂行には，専門的な知識や技術や資格は欠かせませんが，そういった項目は含まれていません。このうちの責任感，積極性・外向性，行動力・実行力，向上心といったものは精神的構えとしての能力項目ですが，厚生労働省は，この5つに職業意識・勤労観を合体させて，「職業人意識」という括りをつくりました。

この職業人意識に，さらに「資格取得」を加え，「コミュニケーション能力」「基礎学力」「ビジネスマナー」と合わせて，都合5つを「若者就職基礎能力」と命名した。いま風の用語を使うと，「就職コンピテンシー」ということになりましょうか。厚生労働省としては，学生に，この5つの能力項目をしっかり習得させれば，大学

全体として就職率が大いに向上しますよということなのであろう。

　一般に職業能力というと、専門的な知識や技術・技能のことが即座に連想される。会計，法律，行政，IT，市場調査，広告宣伝，教育などのいずれであれ、そこで必要とされる能力（知識，技術・技能）を持っていることが、職業人といわれる所以だからである。就職基礎能力の中に「資格取得」が入っているのは、その故であろう。職業生活を送る上では、何かスキルを身につけておくことが必要ですよ、得意技を持っていたほうがいいですよ、といっているわけです。

　だが，企業が新入社員に要請する職業的能力ということになるとして、その種類・性格は、必ずしもそういったものではない。日本経団連が発表した「2006年度新卒者（大学生）採用に関するアンケート調査報告書」によると、コミュニケーション能力がダントツである（81.7％）。以下，チャレンジ精神（53.7％），協調性（53.0％），主体性（49.6％），誠実性（36.1％），責任性（31.7％）となる。何と専門性は13.4％と少なく、一般常識も6.7％という小さな割合である。

　だが就職力と、就業してからの職業能力は同じではない。人生を支え、力強く前へと自分を押し進めてくれるのは、専門性豊かな、その人固有の職業能力である。学生は、その点に気づいていない。学生支援キャリアメンターが、大いに留意しておくべき事柄の一つである。

Y—4. 望ましい職業の要件

—どんな職業に就きたいか—

(1) 要件から診る職業のよし悪し

よく，就きたい職業や希望する職業に関して，意向調査というのがなされる。小中高生や大学生など就業前の若い世代を対象にするのが一般的であるが，読者を対象に朝日新聞社が実施した調査の中に「もし，あなたがどんな職業にでもつけるとしたら，一番やってみたい職業は何ですか」という質問がある（1996年1月1日朝刊）。自由回答方式なので，世の中にどんな職業があるかを広く知っている人でないと，回答はそう容易ではないだろう。大学生などだと，限られた職種の職業に集中してしまいそうだ。集計結果をみると次のようになっている（男性のみ）。

政治家58，スポーツ選手48，公務員45，自営業29，教師／お店・商売27，会社経営／医者／農業24，サラリーマン／職人23，建設業関係22，技術者／福祉関係16，コンピュータ関係15，パイロット14，マスコミ関係／運転手12，園芸・造園11，作家／営業10，いまの仕事77となっている。

望ましい職業については，このように具体的な職業名をたずねる場合のほか，「職業の望ましいの要件は何か」をたずねる調査がよくなされる。職業が備えるべき要件となると，人は，いろいろな視点や基準をもち出して評価する。たとえば，

・自分の適性や能力にどれほどあっているか，
・自分が抱いている人生への期待がどれほど充足されうるか，
・どれほど生活欲求がその職業に就くことで得られるか，
・それに就くことで総合的にどれほど満足できるか
などが最も一般的である。

　こういった要件アプローチでは，どんな項目をあらかじめ抽出するかが，一つの難しい問題である。最近のように，個人の趣向や好みといった観点が基準に入ってくると，望ましい職業の要件は限りなく増えていく。これに関する調査実施事例でも，選択肢は増える傾向にある。

　それにまた，企業など組織に勤務する人々を対象にする調査では，選択肢はいっそう数が多くなる。勤務先への注文という要素が入ってくるからであり，経営理念や会社の規模や立地場所までが含まれることになる。雇用されて遂行される職業が一般化した現代的状況が，そうさせているようである。

(2) セルフチェック

【設問9】あなたは，次のようなAとBの組み合わせのうち，どちらに賛成ですか。それぞれ，以下の区分にしたがって，下の回答欄に，番号を書きこんでください。

①Aに賛成
②どちらかといえばAに賛成
③どちらともいえない
④どちらかといえばBに賛成
⑤Bに賛成

　　　　　　　〈A〉　　　　　　　　　〈B〉
1．扱う対象は主として人／扱う対象は主として物やデータ
2．早期の出来上がりが求められる／時間をかけた取り組みが許される
3．自分の裁量で取り組める／規制や制約があって自由裁量の余地が少ない
4．どちらかといえば個人プレー／どちらかといえばチームワーク
5．そこにある問題をこなす／新しい可能性を切り開く
6．勤務先の知名度が高く規模が大きい／従事する仕事のやりがいが大きい
7．高い収入がみこめる／高い地位がのぞめる
8．専門性が発揮できる／地位が高く収入が多い
9．責任は重いが自分で判断できる／自分で判断ができないが責任は軽い
10．収入は少ないが精神的満足感が得られる／精神的満足感は得られないが収入が多い
11．収入は少ないが労働時間が短い／労働時間は長いが収入が多い
12．収入や地位は期待できないが専門性を高められる／専門性より収入や地位が大事

（回答欄）
①Aを選んだが番号；
②Bを選んだが番号；

〈#〉こんな要件が大事だと考える事項があったら、以下に、自分なりのメッセージを書き込んでください。

_____

_____

_____

_____

(3) 望ましい職業要件は分散傾向にある

過去に2回実施された「仕事の意味」（MOW）を主題にした国際調査の場合、あらかじめリストアップされた要件は全部で11項。その全部を、望ましさの重要度順に1から11まで番号をつけるようにという注文。採用された尺度化は、独特である。キーワードで抽象すれば、①職務と能力の合致、②仕事のおもしろさ、③自律性、④仕事の保障、⑤給料、⑥対人関係、⑦学習の機会、⑧勤務時間、⑨変化、⑩物的作業条件、⑪昇進ということになる。

仮にある項目について全員が1位とつければ、その項目の平均得点は1点となる。仮にある項目について全員が11位とつければ、その項目の平均得点は11点となる。しかしながら望ましい職業の要件に関して、人々のあいだに認識の違いがある。したがって、実際にはそうはならない。同じ項目を、ある人は2位につけ、ある人は9位につけるというように分散する。

結果として、項目ごとの得点の幅は、日本の場合は4.1点から8.6点までとなっている。一方、米国の場合はもっと狭くて、4.6点から7.2点までの間に収まっている。日本の方が、職業選択の基準が分散している、職業に関する好みの幅が広いということである。

これだけ分散すると，職業の望ましい要件として何が重要かに関して，決定的なことは言えそうにない。職業とは，かくも複雑で厄介な存在であり，職業観は人によってさまざまということになりそうである。ただし，自分の人生を充実させていくという観点からすると，自分の職業観を確認する作業は，大学生にとって不可欠なことである。

さて「自分で判断ができる／自分で判断ができない」「責任が重い／責任が軽い」という一対が示された場合，あなたの気持ちは，どちらに傾きますか。若者世代の一般的な意識としては，「自分の専門分野を深める」よりは「趣味やライフワークを深める」に傾いているでしょうか。「自分の専門分野にこだわる」よりは「収入や地位を重視する」ほうが普通でしょうか。

わたしなどは，学生に，「一人前の仕事人」をめざせと言って来た。したがって，自分の専門分野をもち，「責任は重いが自分で判断できる」仕事を大事にし，「新しい可能性を切り開く」といった取り組み方が望ましいと発言してきた。しかし，こういった考え方に，どれほどの学生が共感してくれるであろうか。

もう大分まえのデータであるが，1988 年に内閣総理大臣官房広報室が実施した調査結果を紹介しておこう。

	是非したい	ある程度したい	あまりしたくない	全くしたくない	仕事はしたくない	DN
専門的知識や技術を必要とする仕事	26.3	35.8	20.4	6.0	5.4	6.1
責任が重く，権限の広い仕事	11.8	28.2	37.1	10.7	5.8	6.3
社会的な意義のある仕事	23.6	44.8	15.9	4.3	4.9	6.6

全年齢のデータだが、頼もしい心意気です。「専門的知識や技術を必要とする仕事」をしたい人は、あわせて6割を越えています。「社会的な意義のある仕事」は7割に近い。ただし「責任が重く、権限の広い仕事」となると、「したくない」が半数をこえます。努力が報われない職業労働の現状が、このことに大きくかかわっているかと思われます。

ついでながら、1995年に内閣総理大臣官房広報室が実施した「今後の新しい働き方に関する調査」からは、次のようなデータが報告されている。

(1) A. 自分の判断で業務を行えないが、責任の軽い仕事　29・5
　　 B. 責任は重いが、自分の判断で業務を行える仕事　63・3
(2) A. 収入は少ないが、精神的な満足感の得られる仕事　67・2
　　 B. 精神的な満足感は得られないが、収入の多い仕事　21・9
(3) A. 収入は少ないが、労働時間の短い仕事　　　　　52・3
　　 B. 労働時間は長いが、収入の多い仕事　　　　　　33・8

これも若者世代を対象にした調査ではないが、「責任は重いが、自分の判断で業務を行える仕事」を、63％もの人が選んでいます。また「収入は少ないが、精神的な満足感の得られる仕事」は、全体で67％を越えている。

こういった選択をするような学生がたくさん育つ。これは、大学におけるキャリア教育の、一つの到達目標になるのではなかろうか。

Y—5. 職業ってナンだろうか

―誤解と勘違いから開放されるために―

(1) 職業とは何かについて、じっくり考えてみる

職業とは何かと問われて、自信をもって、こうだと説明できる人は少ない。われわれが生きていくうえで、とても大事な人生テーマのはずだが、どうしたのであろうか。職業の意義を噛み締め、自分の糧にしていくことは、とても大切なことである。

大学生の場合であれば、社会にでて最初に当面するのは職業活動。生徒や学生でいる間は、学校生活をしっかり送ることが中心テーマである。ところが学窓を巣立つと、局面はいっぺんに変わる。まじめに職業活動することが、中心的な人生テーマになる。

学窓を巣立つということは、独立した一人前の職業人になるということ。それなのに、学生は、職業とは何かがよくわかっていない。ごく当たり前の人生テーマなので、考える対象になってこなかったようである。

いずれにしても職業活動は、多くの人にとって、人生の大テーマ。生涯にわたって、人生の伴侶であり続ける。時に、寝食を忘れて職業活動に打ち込むということだってあるだろう。職業活動がうまくいかず、ふさぎ込んだり、落ち込んだり、やけくそになったりするかも知れない。

とこう書いてきて，ふと思い当たる。職業というのは難業苦行である，と思っている人が多いということに。生きていくために，止むをえずするのが職業だ，と認識している若者がたくさんいるということに。職業なんて，やらなくてすむならやりたくない，と考えている学生がいるということに。

　人は，いやなこと，辛いことは忘れたくなるという。ある人は，［この国は，人間を使い捨てにしながら，戦後の坂道を息せき切って駆け上がってきました］と述べている。職業労働の現実に，辛さと厳しさが付いて回ったことは事実である。そういった大人の働き様をみて育った若者にとって，職業は，考えるのもいや，口にするのも避けたいものとなっていった。このようにも推察されるが，違うだろうか。

　問われるべきは，そういった現実のほうかも知れない。そういった働かせ方の実際が，職業の概念を曲解させ，職業の本質をとらえにくくしているのかも知れない。おかしいのは職業（の概念）ではなくして，職業労働の実態のほうかも知れない。そのことこそが問題視され，改善される必要があるかと思う。

(2) セルフチェック

【設問10】あなたは，職業に関する以下のメッセージについて，それぞれ，どれほど賛成し，また共感しますか。下の区分にしたがって，（　　）の中に符号を入れてください。

　いろいろな用語を使っていますが，取りあえず，ことば遣いや表現にはあまりとらわれないでください。

①全面的に賛成し，共感する
②だいたい賛成し，共感する
③どちらともいえない
④あまり賛成も共感もしない
⑤まったく賛成も共感もしない

(　) 1. 生活に必要な財貨を稼ぎだすための労働
(　) 2. 自分らしい生き様をつくるうえで不可欠な働き方
(　) 3. 自分の視野を広げ，人脈を拡大させてくれる仕事
(　) 4. 社会の存続と発展を支える，人がなす社会的な活動
(　) 5. 自分がやっている仕事の社会的証明書みたいなもの
(　) 6. 一人前の社会人と認められるための手形のようなもの
(　) 7. 自分に適した仕事が職業である
(　) 8. 一番やりたいと思う仕事が職業である
(　) 9. 楽しく働けてこそ職業である

(Q1) 全体の中で，強く共感したメッセージはどれですか。度合いの高いものを2つ選び，メッセージの全文を，下線の上に書きこんでください。

①_____
②_____

(Q2) 職業が備えるべき要件として不可欠であるとあなたが考えるものを，重点的に，以下に3つ書き出してください。

①_____
②_____
③_____

＃．(Q2) をテーマとして，チームでディスカッションしてみてください。

(3) 職業の本質や意義を探る努力が大事である

いま職業の概念は揺れているが，職業社会学，職業心理学，労働経済学などの学問的研究を通して，それなりの共通認識は存在する。これからの説明は，そういう観点からなされたものであるが，決して，職業の定義として正しいかどうか，適切であるかどうかを問題にしているわけではない。

結論からいえば，6までは，説明として明らかに間違いというものはない。誤解であるとか，間違っているとみなされるメッセージも，一つとして見出せない。

たとえば「1. 生活に必要な財貨を稼ぎだすための労働」というメッセージは，もしこれが定義であれば，少し考えてみなければならない。

職業には，他にもいろいろな目的や意味や効能があるのに，「必要な財貨を稼ぎだす」活動だけに限定しているとなると，肯定はしにくい。職業の基本的機能となれば，あるいは職業とは何かがテーマなら，どうしても確認しておくべきことが収入であり，経済的報酬の獲得である。「1」は，職業がもつそういった意義や機能に言及

したメッセージであるからして,「②だいたい賛成し,共感する」という回答でよいのではないだろうか。

いずれにしても,「1〜3」の3つは,個人とのかかわり方から職業をみた文章である。

一方「4〜6」の3つは,社会とのかかわり方から職業をみた文章である。職業は,個々人がなす行為である。だが,それは,単に個人的な必要に根ざした営為ではない。「社会の存続と発展を支える(4)」,その意味で「一人前の社会人と認められるため(6)」の社会的な活動である。

つまり4,5,6は,職業の社会的意義に着目したメッセージである。これらに①や②と回答した人は,職業が個人と社会を結ぶ結節点であることを理解している人と認めてよいだろう。

問題は,残りの7と8と9の3つである。いったい,「7. 自分に適した仕事」「8. 一番やりたいと思う仕事」なんて,そうそうみつかるわけはない。長く続けた職業生活が,結果としてそうであった,ということはあるだろう。

しかしながら,これから職業に就く大学生が職業をそういうものとしてとらえていたら,将来とも,無業で終わる可能性が生じてしまうだろう。

また,結果として「9. 楽しく働けてこそ職業である」と実感できるなら幸せである。だが大学生が,こういったイメージで就職活動に臨むことは,はたして健全であり,賢明であろうか。

いずれにしても,こういったことをテーマに,大いに議論していただきたい。

Ⅳ 大学におけるキャリア教育の体系化

―あらゆる機会と舞台をキャリア教育に組み込む―

Ⅳ―1. キャリア教育のコンテンツ

(1) キャリア教育を支える3本の柱

　キャリア論が脚光を浴びる以前においては，人生問題は，人生哲学，生活論・生活構造論，職業学（職業社会学，職業心理学），人生発達論，カウンセリング心理学などが，それぞれの切り口でテーマとしてきた。人生問題は，要するに多角的なアプローチを必要としているということ。限られた一つの角度で対処しうるようなテーマではない。

　かといって個々の学問や理論が，唯我独尊の立場をとることは許されない。自らに不足する部分を弁え，可能なかぎり他領域の知見を踏まえた展開が要請される。

　キャリア論の長所としては，生きることに，構造と機能の両面からアプローチしている点があげられる。つまり観念論議で終わらせず，実証性ももたせようとしている。加えて，人の生き方や働き方に関するアセスメントや診断や検査など，さまざまな手法をもっている。それらをベースにした，ライフプランニングの様式や技法や方法論をもっているという点で有意義である。

だが人間の内側を覗くことに熱心なあまり、測定やカウンセリングに依拠しすぎ、人を心理技術的決定論に巻き込んでいくきらいがある。結果として、人の生き方と外部社会とのかかわり方が、視界から消えがちになる。人は社会的存在であり、社会との相互作用を通して働き、生活している。決して、実験室の中で生きているわけではない。

つまり心理学的キャリア論の場合は、総じていえば、社会学的な視点を欠いた場合がある。たとえば職業の意義を、個人的観点からのみアプローチし、その社会的意義は背後に追いやられている。だが職業は、もともと、社会の要請と個人の必要とを接合させることで存続している。行為主体は個人であるが、社会的活動としての性格をもっている。

またキャリア論には、何故なのか、どうしてそうなのかという問いかけが少ない。人が生きているという現実がすべてであり、人はもともと悩みや不安を抱える存在であるという事実とだけ向きあっている。人は何故生きるのか、人生の目的は何かなどといった、哲学的な発想は、あまり好まない。

すべてのキャリア論者がそうというわけではない。M・クルンボルツは、人は生涯にわたって学習しつづけるものであり、キャリアは生涯学習によって形成されると説いた。またS・ハンセン女史は、キャリアの形成や開発に、地域社会のニーズや地球社会の発展という視点をもち込むことの重要性を説いた。そこには、哲学的思考や発想、そして社会学的な視点があふれている。

いずれにしてもキャリア教育は、心理学的知見やカウンセリング

的手法でカバーできるものではない。人生哲学や教育学や職業社会学の研究成果を織り込んだ展開が必要である。学問の体系という面からすれば，それぞれ哲学，心理学，教育学，社会学をベースにしているわけであるが，現状では，個々別々のうごきで終始している。重ね合わせようという発想があまりない。

絵画は，水彩画，油絵，墨絵がそれぞれ個性を出すことに意義があるだろうが，キャリアデザインの場合には調和と統合が必要であろう。キャリア教育に関する，今後に向けた新しい体系づくりが期待される。

(2) 自分さがしとプレゼンテーション力への傾斜

改めて大学における施策の現状に眼を向けると，キャリアに関する教育と実践の中核にあるのは，キャリアカウンセリング論的アプローチと就職試験対策アプローチである。

前者のメーンテーマは自己理解である。キャリアの形成と開発に関してプランニングすることの重要性と必要性を説き，その具体的手法を教授する手法が中心にすえられている。一言でいえば，徹底した「自分さがし」である。性格検査や興味検査を媒介にして，「さてわたしの適職やいかん」とばかりの取り組みが学生に強いられることになる。

わたしも，生き方や職業意識に関するチェックリストはけっこう自前で作成している。プレ講座，X講座，Y講座でその一端を披露したが，あくまでも自分の考え方や気持ちを整理してもらうのが狙いである。自分の人生観やキャリア観や職業観を確認することにポイントがあり，決して自己診断や自己判定が目的ではない。

大体のところが、学生の場合は人生の歴史が短い。これまでを振り返れといわれても、辿った足跡は狭い範囲にとどまっている。自己理解のための資料は、どれほど得られるのだろうか。過去よりは未来に眼を向けてもらうことのほうが有意義だろう。

　それに、唯一これがそうだという適職は、どの人にも必ずあるのだろうか。あるかも知れないが、わかるのだろうか。向かない職業に就くことは絶対に避けたいが、それはやってみてわかるという面が強い。やってみてだめと確信したら、新しい道を求めて変わるということでいいのではなかろうか。

　それよりも、生きることにおける仕事の意義を熟考し、生きることに意味づけされた仕事を探す。自分が息づき、自分と社会とのかかわりが見てとれるような仕事への関心を高めてもらう。大学における就職指導にも、先に紹介したサニー・ハンセン女史のキャリア開発論のような、大局的な観点は不可欠である。またクルンボルツ博士の「計画された偶発性」理論など、柔軟なキャリア形成論を取り込んだプログラムづくりも大事である。

　後者の就職対策アプローチは、テクニカルな性格が強いものになっている。近年はどの大学においても頻度高く就職説明会がもたれ、OBの体験講話や業界事情の解説予告がなされ、テストやアセスメントへの参加が推奨され、履歴書の書き方や面接の受け方講習会への誘いがかかる。

　中でも、面接を無難にこなし、採用担当者に好印象を与えることの重要性がクローズアップされている。学生の弱点であるコミュニケーション力の強化という狙いもこめて、プレゼンテーションの仕

方について，多くの大学が就職指導項目に入れている。

だがそういった技術論的取り組みは，就職活動の最終段階での措置である。その前段において，キャリア形成への志向づくり，あまり表現はよくないが，マインド形成という取り組みを欠落させると，本質的な解決にはならないだろう。

このように大学における現行のキャリア教育は，キャリアカウンセリング的手法と，就職突破作戦とが突出している。そのための技術的アプローチに偏向している。その是正が，いま大学に問われていると思われる。

将来に向けてどう生き，どう働くかを学生がしっかり考え，自分のものにしてもらうようなキャリア教育のプログラムづくりは，大学の基本的役割であり使命であろう。

(3) 個人と社会を結ぶ職業の意義

そもそも，いま職業の概念があいまい化している。文部科学省や厚生労働省などは，キャリア教育の中で，青少年の職業観の育成と培養に力を入れている。だが，職業とは何かがよく説明できないままでは，その実現は危ぶまれる。

世間では収入を伴う労働や活動を職業と理解しているようであり，会社に雇用されることが職業人になることと受け止めている節がある。しかしながら，職業社会学を専攻している身からすると，職業と労働と仕事は同じではないし，また雇用とも違う点を力説したい気持ちである。

いずれにしても，職業は個人のキャリア形成と社会の発展にとっ

てきわめて重要な因子である。こんにち多くの個人が自信喪失に陥り，将来への希望がもてずにいるのは，そしてまた日本社会が不安定状況におかれているのも，職業的アイデンティティが希薄化していることに起因すると思われる。

　職業は，個人と社会の媒介項であり，職業は社会の必要と個人の希望・願望とがマッチングするところに成立し，存続する。ところが今日，職業に関するこういった基本的事項が，あまり認識されていない。職業がもつ意義は，個人と社会の双方から把握すべきものだということが，失念されている。

　近年における際立った傾向の一つとして，やりたい仕事を探し，好きな職業に就きなさいといった物言いが流布している。企業に勤務するサラリーマンが，会社人間よろしく，黙々と企業業務をこなしてきたことの反動かもしれない。

　だが職業の成立は，社会の要請と個人の趣向とが合致することを前提にしている。社会が必要とする職業的能力が供給されていないことが世界的に問題化している最中，社会や産業のこれからの進化と発展にとって必要とされる職業的能力を探ることの重要性を忘れた物言いが，実は若者に好感をもって受け入れられている。これは，大人世代や社会の側の甘さだろうか。

　人のキャリアは，社会というキャンバスの上に描かれる。社会の変動や，人々のライフスタイルの変化と無関係にデザインできるわけではない。こんにち社会の変動は急激であり，グローバリゼーションとIT革命の進行によって，職業的世界は変化の荒波を受けている。学生に，時代と社会をどう診たらよいかについて，とらえる

角度ぐらいは示唆することが必要である。「将来の人生や生活のことよりも、今したいことをして生きるべきだ」を肯定してはばからない学生が、いかに多いか。その点に思いをめぐらせることが必要である。

(4) 含蓄ある豊かな職業情報の提供

3点セット方式によるキャリア教育は、実は高校段階において十分になされることが期待される。大学でやらなくともよいというわけではないが、高校でも取り上げていなければならないはずのものである。

もしそれができていれば、大学段階では、より就職（職に就く）というテーマに焦点をおいたキャリアサポートが可能となろう。すでに述べたように、30年間の欠落があるゆえに、学生や生徒のキャリアマインドが希薄になっている。高校生の間にそのことへの関心を身につけていれば、大学生には、選職を主題にすえた具体的な職業情報の提供が可能となる。

先に述べた自分さがしとどれほど連動しているかははっきりしないが、就職支援対策として、現役職業人の話をきくこと、ならびにインターンシップ制度を導入することが、多くの大学で取り組まれている。

わたし自身の見聞からすると、企業の人事・採用担当者や企業勤務のOBを招いての講話の場合、会社の説明に多くの時間がとられがちである。社史や組織体制や事業内容に関する説明をすることに追われ、どんな仕事がどう取り組まれているのかは話題にならな

い。会社員としての働き方や生き方がどんな特色をもっているのか,ビジネスパーソンとしてのライフスタイルや生き様などに言及されることは,まずない。

　経営者を招いた場合にも,自分自身の成功体験を語ることに多くの時間が割かれ,当該の業界動向や日本経済の盛衰を解説しておしまいというケースが多い。ただその過程で,企業とは何か,企業で働くとはどういったことか。ビジネスの本質と,その遂行に必要とされる能力はどういったことかに関しての発言は,学生にとって有意義であろう。かといって,企業のトップには,そうそうお出ましいただくことは難しい。

　すでに［Ⅲ―2］で言及したように,今日,働き方は多様化している。職業や仕事といっても,その種類は多彩であり,性格はいろいろである。

　就職とは,職業に就くことである。会社に勤務することは,大多数ではあっても,すべての学生がそうというわけではない。であるならば,就職活動に先立って,学生は,職業のことについて多くのことを学習する必要がある。

　たとえば,職業の歴史や職業構造の趨勢的変化,職業の意義や機能,人々の職業観や職業意識の実態,職業生活の充実化策,これから必要とされる職業能力やエンプロイアビリティといったテーマについて,知りかつ考える機会が提供されるべきである。それを通して得られた知見は,学生のキャリア形成に向けて貴重な資源になるはずである。

Ⅳ—2. ［提言］教職協働型キャリア教育モデル

すでに述べたことであるが，大学におけるキャリア教育の目的は，学生のキャリア形成支援にある。

なぜキャリア形成支援を行うのかといえば，学生を「主体性と市民性を身につけた創造性豊かな逞しい職業人」に育て，社会に送り出すのが大学の使命と考えるからである。

もう一度繰り返すが，大学におけるキャリア教育は，学生のキャリア形成を支援する目的でなされる。そうであれば，

①まず第一に，教室での学習に加えて，キャンパス内外の多くの舞台と機会が，キャリア教育の教材になるはずである。なるはずというより，そうすべきである。

②ついで第二に，キャリア教育は，大学組織のすべての部署と教職員をあげた取り組みとなるはずである。というより，そうすべきである。

この①と②を合体すると，「大学組織のすべての部署と教職員をあげた取り組みを通して，学生生活のあらゆる舞台と機会をキャリア教育の教材に仕立て上げる」ことが，これからの大学におけるキャリア教育に要請されることになろう。

このことを考え方の基本にすえて，わたしは，以下のように「大学におけるキャリア教育の体系」を構想してみた。荒削りながら提案したい。

(1)「キャリア教育カリキュラム」の新増設と，プログラムの概要

1. 1年後期に，「生き様学習」を主題とした基礎ゼミ（必須）を設ける。

    #1. 1年前期には，すでに多くの大学・学部が，「大学における学び方と生活の仕方」を主題に入門ゼミを開設しているはず。それを受ける形で，後期に，「生き様学習」を主題とした基礎ゼミを設ける。

    #2.「生き様学習」のための教材は，先人の伝記や評伝を中心に，担当教員が，得意とする分野から選択することになる。文学担当教員ならヘルマン・ヘッセ，経済学担当ならアダムスミス，化学担当ならキューリー夫人などはいかがであろうか。

2. 2年次学生を対象に正規課目として「キャリア学習」を設ける（半期×2）。

    ○前期；キャリアとキャリアデザイン（本テキスト［Ⅱ—4］参照）

    ○後期；職業的世界の現実（本テキスト［Ⅲ—4］参照）

3. キャリア学習科目とは別に，3年次学生について，正規の選択課目（半期，2単位）として「就職エンパワーメント支援教科」を設ける。

    #1. そのカリキュラムとしては，すでに［Ⅲ—1］でリストアップした項目が最善ではないか，とわたし自身は考えている。

    #2. すでに就職担当部局が課外授業として推進している例は多いが，選択でよいから，正規の教科課目（半期，2単位）

に格上げすることが要請される。

(2) キャリア教育の担当者と，その育成

1. 1年生前・後期の基礎ゼミ（必須）は，専任教員が担当する。
2. 2年次学生を対象にした「キャリア学習」は，キャリアセンターの専任職員ならびに有為な事務職員を当てる（必要に応じて，事務職員が教科科目について授業することを可能とするための制度変更が必要となろうか）。

    ＃．ここで有為な事務職員とは，すでに［Ⅰ］［Ⅱ］で解説した「キャリアメンター」の機能的要件に照らして，学内でいくつかの要職を経験した概ね40歳をこえた職員，ならびにキャリアセンター職員を経験したものをさす。

    ① CDAなどキャリアコンサルタントの資格を保有するキャリアセンターの専任職員を，「キャリア教育専門講師」に登用する（大学事務職員でCDA資格保有者は相当数にのぼる）。
    ② 学生のキャリア形成支援を担当する事務職員に「キャリアメンター育成講座」を開設する（たとえば，本テキスト中の，〈プレ講座〉〈第Ⅰ講座〉〈第Ⅱ講座〉を下敷きにしたワークショップを開設するなど）。

3. 教員は，正規授業の中にキャリア教育を織り込む工夫をする。つまり教員には，学生が教科科目を学習することが，社会人としての生き方や職業人としての働き方とどう繋がるかを解き明かすような授業展開が期待される。専門科目の学習が，社会を理解し，生き方を構想する上で大きな情報源となり，知恵となる点を具体的に説くような工夫と努力が要請される

(次の［Ⅳ—3］の冒頭部分を参照)。

(3) 関連部局の事務職員に期待されるキャリア形成支援

1. キャリアセンターや就職課
   ①研究調査；学生のキャリア意識の実態や選職活動の動向を，アンケートや面談を通してきめ細かく把握する。
   ②キャリア教育の体系やプログラムを，自前で企画し立案する。
   ③2年次学生対象の「キャリア学習のための教科」教育を担当する。
   ④キャリアコンサルティングと，キャリアメンタリングに従事する。
   ⑤就職市場の動向をリサーチし，学生に伝える。
2. 学生支援部や学生課の事務職員に期待されるキャリア形成支援　音楽，歴史，編集，あるいは武道，登山，球技など選択肢はいろいろあろう。
   ①課外活動；テーマを追いかける。そして内外の同好の士やメンバーとの交流を深める。このようなことが，生涯にわたるキャリア形成にとっていかに重要かを，学生に語りかける。
   ②アルバイト；過度にならないことが条件であるが，職業活動の現実や働く大人たちの生態観察が，キャリア形成に果たす役割はきわめて大きい。やりっぱなしにさせず，体験記を募集する，年一回発表大会を開催するなどして，アルバイトからの学習を自分のものにさせる試みが不可欠。
   ③異文化交流事業；これからは，海外で働く，あるいは生活す

ることが一般的になっていくことを，折にふれて学生に周知させる舞台となる。

④学園祭；この実行委員会のメンバーになることは，課外活動の中でも最有力なキャリア形成ルートになる。専門ゼミには，催事や展示に参加することを義務化する。

⑤その他

3. その他各部局（教務系列，学生課系列，図書館系列）の職員に期待されるキャリア形成支援（割愛）。

Ⅳ—3. 教職協働のキャリア支援体制の構築

(1) 教員職員と事務職員との協働体制

大学人である以上は，教員職員と事務職員とを問わず，学生の良きキャリア形成支援者でなければならない。だが教員職員の場合は，狭義のキャリア教育となると，職業的行為としては二次的な位置づけになるだろうか。

その道筋にまではここで立ち入らないが，教員は，それぞれの専門教育，教科科目の授業を通して，人の生き様に関して蘊蓄を傾ける。学生は，講義を通して，将来に向けてどう生き，どういう働き方をしたらよいかを汲みとれるなら，専門教育は単なる知識の切り売りではなくなる。

たとえば日本経済論を講義するなかで，供給される商品やサービスの質と量が，人々のライフスタイルをどう変えてきたか。逆に人々の価値観や仕事意識の進化が，経済の仕組みや産業の構造を変化させたかを，具体的に解き明かす。

たとえば政治学の授業の中で，毎回ほんのわずかでよいから，議会議員や裁判官や警察官など，関連する職業人の仕事特性に言及する。歴史上の人物を語るときには，必ずや現代社会で活躍している，学生がよく知っている人との繋がりをつけるようにする。

　つまり，単に学理や学説を抽象的に講義して終わりにしないで，このことの社会のあり方との関連や，生活や生き方とのつながりを付ける。これまで取り上げてきたキャリア論そのものではなく，それぞれの教科に，キャリア形成の視点を織り込む。

　こういったことこそが，真に問われることだろう。自らの専門にかかわる研究と教育をはなれたところでのキャリア教育は，職業的役割論からすると，必ずしも望まれるところではないとわたし考える。

　当然のことながら，学生のキャリア形成を支援することへの強い関心と，その重要性への意識だけは持ってもらいたい。多くの教員諸氏は，この際，本田由紀先生の以下のような発言をしかと受け止めることが要請されよう。

　…しかし著者が大学院に入学する以前から，「取り憑かれている」もう一つの妄執のようなものは，日本の学校教育の教育内容に対する強い疑念である。私は生徒であり学生であった時期に，もっと「意味のある」ことを学びたかった，なぜこんなにも抽象的・断片的で，自分自身から疎遠に感じられることがらを，自分の時間とエネルギーの大半を費やして学ばなければならなかった（『若者と仕事』2005年）。

　いっぽう事務職員の場合は，学生のキャリア形成支援は，本来的

な役割ではないだろうか。つまり事務職員は，いわば職業的行為として学生へのキャリア形成支援を実践する立場にあるだろう。事務職員は日々が学生と交流しており，その言動は，陰に陽に学生のキャリア形成に影響を与えている。教員と比べて学生との相互作用は密度が高く，いわば職業的行為として学生へのキャリア形成支援を実践する立場にある。

好んで教員をキャリア教育の脇役に追い込もうとしているわけではないが，この辺で，教員と職員の役割分担を再考したらどうだろうか。教員は職員を庶務職や秘書役ととらえることを止め，教授会としては，キャリア教育が職員主導で推進されることを容認すべきである。

出番をあたえられることで，職員はプロ化する。事務職員主導型キャリア教育は，いま求められる，真に学生本位の大学づくりを前進させる駆動力となるだろう。

もともとキャリアセンターや就職支援部局の職員スタッフには，学生への意識的かつ計画的なキャリア形成支援が要請されている。そうすることは職務であり，それをすることこそが本来業務と位置づけられている。

ついでながら提案させてもらうが，キャリアセンターや就職支援部局の職員スタッフは，学生のキャリア形成支援に意識的・計画的に取り組むことが本来的な職務であることからして，CDAやJCDFといった資格をもつキャリアコンサルタントであることが望ましい。すでに，そういったうごきは緒についている。

もっとも，そういった資格を取得したからといって，これまで指摘してきたキャリア形成支援にかかわる知識やノウハウが，すべて

身につけられるわけではない。現場をみれば，それは自明のこと。

　課外活動や学生生活は学生部や学生課の担当となっているが，体育会や文化会の活動を含む課外活動，アルバイトやボランティア活動などに関する情報提供や指導を通して，ここの職員は学生のキャリア形成に深くかかわっている。

　教員の中には，体育会活動を極端にきらう人がいる。競技大会などに出るために，授業やゼミを欠席したいという願いなど，断固として跳ね除ける。しかしながら，この認識は間違いである。心技体というが，競技と練習に打ち込むことは，若者を育てる。ほとんどの場合，OB会が組織されている。社会人である先輩たちとの交流は，人間形成にとって得難い機会となる。学生課の職員は，その橋渡しをしているわけである。

　日常的な業務遂行という点からすると，さすがに総務・経理・管財などの部局に在籍する事務職員については，言及を憚られる。だが教務・教学部局の職員は，授業内容や履修の仕方というテーマをめぐって，図書館職員は書籍の所在や探索法をテーマにして，学生に対して学び方を支援している。どう学ぶかがキャリア形成の質・量を左右する点は，いうまでもないことである。

(2) 教員職員と事務職員との役割分担

　いまは担当する職務や業務の内容にそくして問題提起をしたが，翻って，大学の教職員に課せられる使命や基本的役割とは何だろうか。一部の研究型大学を別とすれば，大学の使命は，次代を担う人材を育て，良き市民として社会に送り出すことであろう。

それを教学面から担うのが教員職員であるとすれば、事務職員に期待されるのは、学生の生活行動を通してのキャリア形成支援である。キャリア教育の推進には、教員職員と事務職員の協働体制が築かれることは不可欠である。

だが期待される役割という点からすると、大学におけるキャリア形成支援は、実はキャリア教育の企画と実施を含めて、事務職員が主導性を発揮するのが現実的であり、最善なようにも思う。

それは、若者のキャリア形成支援が大きな社会的課題にのしあがった事情を背景に、大学の職員に、新しい役割が付加されるようになったということだろうか。わたしは、そうではないように思う。本当のところは、従来から期待されていた役割が顕在化した、といったほうが正しいかもしれない。大学職員には、人生の先輩という立場で、学生の進路に関して良き指南役であることが、もともと要請されているように思われる。

実際に学生のキャリア形成を支援するとなると、教職員には、相応の知識やノウハウや意識を身につけていることが不可欠である。その具体的な内容については、すでにこのテキストで多くのことを述べてきた。

事務職員の場合には、現に CDA や JCDF など、キャリアコンサルタントの資格をもった事務職員が少しずつ増えてきている。しかしながら大学教員の場合は、こういった素養を身につけようとか、資格を取ろうなどと考える人は、まずいないだろう。先にも述べた通り、その必要もない。具体的なレベルで知恵をかし、情報を提供し、方法を示唆するなどの役回りをするのは、教員には難しい。

事務職員とて容易なことではないが, では大学におけるキャリア教育は誰が担うのか。今のように, 外部の業者任せでは, 薄いキャリア教育に終始するだけである。その主導権を事務職員がとってこそ, 大学におけるキャリア教育は効果をあげるだろう。

(3) 新しい課題として

だがこれまでのところ, 学生のキャリア形成支援が事務職員に期待される本来的役割であると認識している大学は, まだ見当たらない。『21世紀の大学職員像』と題する著作をみると(立命館大学大学行政研究・研修センター編, 2005年),「職員が学園のすべての分野において主要な主人公として登場する大学をつくらなければだめである」と印されている。まことに先端的な考え方であるが, 基調講演, 基調報告, パネルディスカッションの記録のどこにも, 学生のキャリア形成支援というテーマは出てこない。

この刊行物は,「職員とはどういう役割をもっているのか, どういう特質をもっているのか, どういう職員でなければ大学の変革はできないか」を主題にしているが, 大学の課題や大学職員の役割として, キャリア形成支援は, 強くは意識されていない。実際には学生の進路・就職支援, そしてキャリア教育に力を入れているようだが, 大学職員に求められているのは, プロのアドミニストレーターになることとされている。

独立法人化した旧国立大学でも, 大学改革にあわせて, 事務職員のあり方が議論になっている。関連図書も公にされているが, ここでも, 職員はアドミニストレーターという位置づけである。

事務職員自身, 学生のキャリア形成支援者, その分野におけるプ

ロになれといわれれば、戸惑う人も多いだろう。だがこれからは、大学におけるキャリア教育観の確立と教育体系の整備にあわせて、新しい大学職員論が不可欠になるだろう。

　それに伴って大学の事務職員自身にも、学生のキャリア形成支援はわれわれの使命であるという役割意識を身にまとうことが、大いに期待される。

終章 社会課題としてのキャリア教育

1. 若者のキャリア形成支援

1990年代の半ば頃から，若者にとって，就職をすることは困難な人生課題になった。2000年前後からは，就職できないことと，就職することがいやになったこととがセット化してしまった。会社訪問を幾度となく繰り返しても，採用通知が一向にこない。となれば，いっそ就職なんて止めようという気持ちにもなろうというものである。

いずれとも新しいことばであるが，学卒無業者やフリーターが急増しはじめる。メディアをはじめ各界にとって，これは大きな社会問題の到来であった。

いまだ論議は尽きないわけであるが，たとえば，①人的資本の蓄積が進まないこと，②社会全体に経済的損失をもたらす可能性があること，③少子化の一層の深刻化が予想されること，④年金問題を白日のものにすることの4つが，社会的にみて問題点として指摘されている（橘木俊詔，2004）。

年齢の進行とともに離脱が難しくなり，また職業に就きにくくなるといったように，不利益はフリーター自身にも降りかかってくる。

こうしたフリーター論議が活発な中，いつの間にか，ニートとい

われる若者が急増しはじめる。このことば，きわめて専門的な用語かと思われるが，またたくまに人口に膾炙し，広く世間に浸透した。その速さは，それ自体，若者のキャリア問題に対する社会一般の関心がきわめて高くなっていたことを例証しているようである。

国も，放置できない事態となったと認識しはじめる。堰を切ったかのように，次々と施策を打ち出しはじめる。これまでキャリア教育への関心が薄く，職業教育への取り組みがごく小さいものだったことが災いしたかも知れない，と自覚したのであろう。

2002年に「高卒者の職業生活の移行に関する研究会」の報告書が出されたが，そのうちの1章を「キャリア形成の観点からの教育・職業能力開発等の基盤の整備」に当てている。そこに盛り込まれたのは，次のようなものである。

イ．小学校からの発達段階に応じたキャリア教育の推進
ロ．時代の変化や産業界のニーズ等を踏まえた教育内容等の改善・充実
ハ．学校とハローワーク等関係機関による支援体制の強化
ニ．学校等を離れたものへのキャリア形成，能力開発，就職活動などへの支援
ホ．若年者の職業意識啓発に対する国民的な理解の促進

2003年に入って，内閣府の人間力戦略研究会は4月に「若者に夢と目標を抱かせ，意欲を高める：信頼と連携の社会システム」と題する提言をまとめた。追いかけるようにして，文部科学省と厚生労働省と経済産業省という1府3省共催の「若者自立・挑戦戦略会議」は，6月に「若者自立・挑戦プラン」を打ち出した。これら3

省は，このプランを踏み台にして，次々と若者のキャリア形成支援に向けて政策を打ち出しはじめる。

文部科学省は同じ6月に「キャリア教育総合推進計画」を打ち出し，9月には厚生労働省が「若者の未来のキャリアを育むために：若年者キャリア支援政策の展開」を世に問うた。地方自治体の取り組みも増え，日本経済団体連合会，経済同友会や商工会議所などの経済団体からの提言も増えた。

政策も論議も，このように活況を呈している。いったい若者世代のキャリア形成に関しては，どんな対応が要請されるのだろうか。

2. 公共政策としてのキャリア教育

2004年7月，全米キャリア開発協会（NCDA）の世界大会に出席したが，ヨーロッパから参加したT・ワッツとD・マニングのキャリア論から，重要な示唆を受けた。

普通キャリア論というと，人生には発達段階があり，人にはそれに対応した役割があること，何をおいても自己理解が重要であり，自己概念にそくした職業選択の必然性などがテーマになる。

そして，納得のいく生き方とはどういうものか，職業の選択や働き方はそのことにどうかかわるかに想いをめぐらせつつ，人生デザインやライフプランニングを立てるよう指導する。また個々人に対するカウンセリングやコーチングという実践的取り組みも，キャリアということばからすぐに連想される。

いずれにしても個々人が担う課題という認識が先に立つわけであるが，ケンブリッジ「国立キャリア教育・キャリアカウンセリング研究所」のワッツ教授は，キャリアサポートは社会が担う課題であ

る点を力説した。個人の問題である以上に，社会や国家にとっての課題だと説いた。論題からして，「公共政策とキャリア開発」となっている。

一方マニングは，学校段階でのキャリア教育の重要性を説いた。生き方は，その人のそれまでの学習や経験に規定され，性格づけされる傾向が強い。キャリア教育やキャリアガイダンスが効果をあげ，人々のキャリア形成を成功裡に進行させるうえでは，若いときの学習が大事になるということである。

ところが学校教育の現場では，生徒の将来的な夢は圧殺されている。学校や教師は dream killer になっている，とマニングは指摘する。生徒に新しい体験をたくさん積ませ，どう感じたか，どんな変化が自分の中で起こったか，これからの生き方の中で活用できるものはないかとふり返ってもらう。そして，生徒の一人ひとりに，世の中にはいろいろなことがあるということを感じ取ってもらう。マニングもまた，学校教育に視点を当てつつ，キャリア教育やキャリアガイダンスは社会的な課題だと説いているかと思われる。

3. 腰をすえた取り組みが要請される

さてわが国の現実はどうであろうか。先にみたように，いま国は，過去30年間の怠慢を取り戻すかのごとく，次から次へと若者のキャリア形成支援に向けた施策を打ち出している。しかしながら，そこに体系性や統一性はあるだろうか。重複があり，役割分担といったようなものがみえてこない。

若者世代に対するキャリア形成支援に，目下いちばん熱心なのは

[終章] 社会課題としてのキャリア教育

キャリアビジネスファームである。国も自治体も，手の内に何ももっていないので，業者に丸投げする。この現状は逆効果であり，危険をはらんでいる。なぜか。

多くの業者やキャリアコンサルタント自体，多くはにわか作りである。知識と経験が十分ではなく，職業観の育成やキャリア意識の高揚といったテーマについて，考え方が浅い。社会について学習し，人生について哲学し，職業とは何かについて考察する機会が，キャリア形成プログラムに組み込まれていないのである。

自分さがしや自己分析に終始するか，キャリアシートの書き方やプレゼンテーションの仕方を教える。いずれにしてもノウハウが中心であり，テクニック伝授型である。そうでなければ経営者や現役職業人の経験談，あるいは業界事情を聞かせるというのが，提供される方策の大半である。そもそも学校側に，学生や生徒のキャリア形成支援をしっかりやっていこうという姿勢と取り組みがない。

若者世代に対するキャリア形成支援は，焦眉の急を要する国家的課題ではある。だが，いまさら慌てふためいて愚策を世の中に提供しても意味がない。

同じことが大学のキャリア教育についてもいえる。学生のキャリア形成支援に向けて，どんな理念のもとに，どんな施策を展開するか。じっくり施策し，方策を探してみることが必要であろう。キャリア教育の本質に立ち返り，いま抱えている問題点をただし，体系性をもった支援策を打ち出すことが期待される。

このテキストが，そのためのよきガイドブックになればよいが。

参考文献

Arthur, M. /D. Rousseau, (1996) *The Boundaryless Career*, Oxford University Press.

Brown, D. /L. Brooks & Associ (1990) *Career Choice and Development*, Jossey-Bass.

Colliin, A. /R. Young (2000) *The Future of Career*, Cambridge University Press.

Figler, H. /R. Bolles (1999) *The Career Counselor's, Handbook*, Ten Speed Press.

Gysburg, N. et al. (1988) *Career Counseling*, Ally and Bacon. (日本ドレークビーム・モリンライフキャリア研究所『ライフキャリアカウンセリング』2002年)

Hall, D. /Associates (1996) *The Career is dead*, Jossey-Bass.

Hall, D. (2002) *Careers in and out of Organizations*, Sage Publications.

Hansen, L. S. (1997) *Integrative Life Planning*, Jossey-Bass.

Hayes, H. (2000) *Managing Career Transitions*, Prentice Hall.

Herr, E. /etall (2004) *Career Guidance and Couseling*, Pearson.

厚生労働省 (2005)『平成17年版労働経済白書』国立印刷局

本田由紀 (2005)『若者と仕事』東京大学出版会

ホメロス・松平千秋訳 (1994)『オデュッセイア』(上下), 岩波文庫

ILO東京支局 (2000) 第87回ILO総会 (1999) 事務局長報告「DECETWORK (ディーセントワーク) －働く価値のある仕事の実現をめざして」

Jayasinghe, M. (2001) *Counselling in Careers Guidance*, Open University Books. (小林勝・村上良三訳『キャリア・ガイダンスとカウンセリング』同文館, 2004年)

Jones, G. /Wallace, C. (1992) *Youth, Family, and Citizenship*, Open Uniersity. (宮本みちこ監訳・鈴木宏訳『若者はなぜ大人になれないのか』新評論, 1996年)

経済企画庁 (1996)「国民の意識とニーズ－国民選好度調査」大蔵省印刷局

Kram, K. (1988) *Mentoring in Work ; developmental relationships in organizational life*, University Press of America. (渡辺直登・伊藤知子訳『メンタリング』白桃書房,2003年)

小杉礼子・堀有喜衣編 (2006)『キャリア教育と就業支援』勁草書房

厚生労働省職業能力開発局 (2000)「今後の職業能力開発の在り方研究会報告書」

香山リカ (2004)『就職がこわい』講談社

児美川孝一郎 (2005)「日本におけるキャリア教育の登場と展開」『法政大学キャリアデザイン学会紀要・生涯学習とキャリアデザイン』

雇用開発センター (2002)「新世代の職業観とキャリア」

雇用開発センター (2005)「若年者の働き方と生活意識」

Lees, J. (2003) *How to get The Perfect Promotion ; the complete guide to career development*, the McGraw-hill.

Levinson, D. (1978) *The Seasons of a Man'Life*. (南博訳『ライフサイクルの心理学』講談社学術文庫,1992年)

Lois J. Zachary (2000) *The Mentor's Guide*, Jossey-Bass.

Mike Pegg (2003) *The Mentor's Book*, Management Book 2000.

見田宗介 (1966)『価値意識の理論』弘文社

内閣府 (2004)「青少年の社会的自立に関する意識調査」

中西信男 (1995)『ライフ・キャリアの心理学』ナカニシヤ出版

日本青少年研究所 (2004)「高校生の学習意欲と日常生活—日本・米国・中国3カ国比較」

日本マンパワー (2000)「CPS-J」活用マニュアル,日本マンパワー

日本労働研究機構 (1998)「構造調整下の人事処遇制度と職業意識に関する調査」日本労働研究機構

NHK放送文化研究所 (2003)『現代日本人の意識構造』日本放送出版協会

尾嶋史章 (2001)『現代高校生の計量社会学』ミネルヴァ書房

小野公一 (2002)『キャリア発達におけるメンターの役割』白桃書房

リクルートワークス研究所 (2000)「ワーキングパーソン調査2000・首都圏」,リクルートワークス研究所

Pink, D. (2001) *Free Agent Nation*, Warner Books. (池村千秋訳『フリーエージェント社会の到来』ダイヤモンド社,2002年)

Sally Longson (2000, 2004) *Choosing Your Career*, Kogan Page.

Schlossberg, N. (1989) Overwhelmed, Lexington Books. (武田圭太・立野了嗣訳『「選職 社会」転機を活かせ』日本マンパワー出版,2000年)

社会経済生産性本部（2001，2006）「働くことの意識調査」社会経済生産性本部

総理府（1982）「勤労意識に関する世論調査」大蔵省印刷局

総理府（1997）「国民の社会意識に関する調査」大蔵省印刷局

杉村芳美（1997）『「良い仕事」の思想』中公新書

Super, D. E./Sverko, B.（1995）*Life Roles, Values, and Careers*, Jossey-Bass.

(Super, D. E., 1980, *A Life-span life-space approach to career development*.)

橘木俊詔（2004）『脱フリーター社会』東洋経済新報社

Terkel, S（1972）*Working*, Studs Terkel c/o（中山容他『仕事』晶文社，1983年）

筑紫哲也（2001）『現代日本学原論』岩波書店

Toy, A. Edelfelt（2004）*Career in Education, VGM Career Books* McGraw-hill.

上西充子（2006）「大学におけるキャリア支援・キャリア教育に関するアンケート調査報告書」日本キャリアデザイン学会第3回研究大会資料集

梅澤正（2001）『職業とキャリア』学文社

梅澤正・脇坂敦史（2003）『「働く」を考える』ぺりかん社

梅澤正（2006）『キャリアメンターのためのガイドブック』全日本社会教育連合会

山田昌弘（2004）『希望格差社会』筑摩書房

渡辺三枝子＋E・L・ハー（2001）『キャリアカウンセリング入門』ナカニシヤ出版

Watts, A./et al.（1996）*Rethinking Careers Education and Guidance*, Routledge.

Yeung, R.（2003）*The Ultimate Career Success Workbook*, Kogan Page.

著者紹介

梅澤 正(うめざわただし)

　日本教育大学院大学客員教授。NPO法人キャリア文化研究所理事長。日本経営教育学会顧問。日本キャリア開発協会研究会員（CDA）。

　東京大学文学部社会学科卒業。桃山学院大学，新潟大学，東京経済大学の教授を勤める。産業社会学専攻（職業社会学，企業文化論，企業社会関係論）。

　主要著書；『ナットクの働き方』(TAC出版)，『組織文化・経営文化・企業文化』（同文舘出版），『「働く」を考える』（ぺりかん社），『企業と社会』（ミネルヴァ書房），『職業とキャリア』（学文社），『サラリーマンの自画像』（ミネルヴァ書房），『人が見える企業文化』（講談社），『企業文化の革新と創造』（有斐閣），『管理職と職場の人事労務』（ぎょうせい），『職業とは何か』（講談社現代新書）その他多数。

大学におけるキャリア教育のこれから

2007年3月10日　第一版第一刷発行	◎検印省略
2010年9月20日　第一版第二刷発行	

著者　梅澤　正

発行所　株式会社 学文社　　郵便番号 153-0064
　　　　　　　　　　　　　　東京都目黒区下目黒3-6-1
発行者　田中千津子　　　　　電話 03(3715)1501(代)
　　　　　　　　　　　　　　振替口座 00130-9-98842

Ⓒ UMEZAWA Tadashi　2007　Printed in Japan
乱丁・落丁の場合は本社でお取替します。　　印刷所 ㈱シナノ
定価は売上カード，カバーに表示。

ISBN978-4-7620-1668-4